铁血文库

诺曼底战役

THE NORMANDY CAMPAIGN

[美] 鲍勃·卡拉瑟斯◎著

黄琳◎译

時代文藝出版社

图书在版编目（CIP）数据

诺曼底战役 / （美）卡拉瑟斯 著；黄琳 译．—长春：时代文艺出版社，2015.3（2017.8 重印）
书名原文：The Normandy campaign 1944

ISBN 978-7-5387-4730-0

Ⅰ．①诺… Ⅱ．①卡… ②黄… Ⅲ．①美英联军诺曼第登陆作战（1944）－史料 Ⅳ．①E195.2

中国版本图书馆CIP数据核字（2014）第305860号

出品人 陈 琛
产品总监 郭力家
责任编辑 方 伟
装帧设计 孙 利
排版制作 李玉龙

诺曼底战役
[美] 鲍勃·卡拉瑟斯 著 黄琳 译

出版发行 / 时代文艺出版社
地址 / 长春市泰来街1825号 时代文艺出版社 邮编 / 130011
总编办 / 0431-86012927 发行部 / 0431-86012957 北京开发部 / 010-63108163
网址 / www.shidaicn.com
印刷 / 三河市京兰印务有限公司
开本 / 710mm × 1000mm 1 / 16 字数 / 230千字 印张 / 16.25
版次 / 2015年3月第1版 印次 / 2017年8月第2次印刷 定价 / 42.80元

图书如有印装错误 请寄回印厂调换

目录

第一章　预演

1941 年 7 月 18 日，斯大林提笔给丘吉尔写信时，正是盟军战争局势最不利的时刻。苏联军队在德军的猛烈攻击下节节败退，而英军则在北非竭力阻挡德军潮水般的进攻。斯大林在信中写道："在我看来，如能在西欧开辟第二战场，来对抗希特勒的部队，这将大大改善苏联和大不列颠的军事形势。"幸运的是，盟国还存在一丝胜利的希望，只是这一丝希望直到 1942 年才真正来临。盟军一直期盼着美国的军事介入，但美国国内有一大批政治力量不主张参战，要美国远离战争，所以这样的期盼迟迟未能实现。

尽管罗斯福总统在军事问题上日益显现其强硬作风，但直到 1941 年末，美国是否参战仍是个未知数。1941 年 12 月，希特勒却向美国宣战，这一举动震惊了世界，也给斯大林带来了极大的惊喜。希特勒在美军未对德采取任何军事行动前，就出人意料、十分反常地对其宣战。正是他这个最罔顾事实的决定，将美国拽入了战争。向美国，这个世界上最强大的工业国家宣战，实际上是给他自己判了死刑，只不过死刑执行的时间还未到而已。

从希特勒向美国宣战那一刻开始，斯大林开辟"第二战场"的设想终于有了被提上议事日程的可能。不过，在美国国内，这个设想遭到了相当大的反对。时任美国陆军参谋长的乔治·卡特利特·马歇尔，竭力游说大众接受先攻打纳粹德国再打击日本帝国的政策。而此时，美国大部分民众依然认为打赢太平洋战争才是重中之重。不过，最终马歇尔获得了胜利。从 1942 年开始，美军在英国大量集结，准备进攻欧洲大陆。但是，在 1942 年，盟军并没有什么进攻欧洲大陆的机会。

第二战场

因为斯大林对开辟第二战场的要求越来越迫切，丘吉尔不得不同意让盟军在法国开展行动。为了展示此次作战任务的重要性，也为了显示英军的实力，同时为英军日后大规模登陆欧洲大陆作战做准备，丘吉尔决定在法国小镇迪耶普对德国人发动一次突袭行动。

在 1942 年 8 月对迪耶普实施的这次突袭行动中，盟军损失惨重。这次行

◎ 1942年，英军为突袭欧洲做演习。图中，吉拉德·伯纳德·佩吉特爵士在一辆英国“十字军式坦克”上。“十字军式坦克”和英国很多其他型号的坦克一样，因为质量不达标，在诺曼底战役后停止服役

动的失败表明，盟军在计划进攻欧洲大陆之前，还需要做大量的准备。

历史上对迪耶普战役的说法林林总总，有“突袭”“联合行动”“战斗侦察”等。最后一种说法应该是最恰当的。

早在那一年的4月份，盟军就为此次突袭行动草拟了几套方案，并且对法国数个港口做了仔细研究，最终将突袭地点定在了迪耶普。盟军这次寻找的不是德军的软肋，因为他们想要与德军打一场遭遇战，以探明德国人真实的防御力量。

加拿大军队

袭击计划一制订完，就立即呈给了参谋长委员会。委员会同意之后，立

◎ 在欧洲德占区，从挪威到西班牙沿岸构筑一道防线，建立大西洋壁垒，是一项巨大的工程。很显然，这样大规模的工程不可能真正完成，不过最易受攻击的海滩，自然成为防御的重点

◎ 德国哨兵守卫大西洋壁垒部分工事。该照片摄于法国海岸，时间约为1942年

马挑选执行该计划的部队。几经斟酌，在英国厉兵秣马两年、迫切想上战场的加拿大军队获得了这个机会。不过，在同意参战之前，指挥加拿大第1集团军的将官麦克诺顿中将认真研究了作战计划，明确了此次突袭的意义，并确定在当时的条件下能完成作战任务，才点头同意。此次突袭的任务就是进入敌占区，试探德军西欧防线的实力。

德国军队指南

摘录1

德意志民族特征

……喜欢将一切事物与军国主义联系起来是德意志民族的一个突出特征。德国人认为，只有进攻，尤其是采取突然袭击的战略，才能在战场上获胜。在过去的一个世纪中，德国的军事文献一直强调在所有军事行动中都要采取进攻战略。

德国人已经完全意识到心理因素在战争中的重要性，且已形成高度系统化的恐怖统治。

同时，他们已开始大规模使用如装甲、自导导弹、超重型坦克等性能良好的新式武器。在新式武器应用方面，德军的主要弱点是未将这些新技术与已有武器和战术结合起来。例如，德国野战炮兵就没跟上德国部队装甲化的步伐，而且他们的自动武器精准度不高。

要运用这种进攻哲学，德国需要训练有素的军官团和纪律严明的军队。德国的战术准则强调责任和下级的主动性。过去，人们认为德国军队十分死板，士兵缺乏主动性，但是第二次世界大战彻底改变了这种想法。二战中，德军领导层胆大好战，因此做了很多突破性的决策。虽然德国有很多出色的战略家，但是他们却喜欢重复使用同一种战术，而盟军统帅们早已认识到这一点，并且在战场上充分利用他们认识到的这个事实。

近期战术趋势

自从德军被迫采取防守战略之后，德军的战术准则发生了一些变化，如放弃空中支援（在紧急情况下除外），用线性防御代替灵活的攻势防御。

德国如今的首要目标是争取时间，在政治上获得胜利，因为德国人已经没有能力在军事上取胜。他们现在的军事行动就是为了达到这个目的，因此接下来会是一场大规模的拖延战。

军队管理

美军和德军的军事管理理念相似。德国人强调参谋需协助司令官，评估当前形势，准备并向下属单位发布命令。他们认为司令官需与自己的部队和谐相处，这样不仅有利于上下沟通，而且司令官的存在对整支部队有积极的影响……

（本文摘自1945年问世的《德国军队指南》，该册子专为赴欧洲作战的美国士兵准备。本指南从盟军的角度，对德国军队做了分析，是一份关于德军的可读性很强的第一手资料。它也反映了在第二次世界大战末期，盟军情报机关消息灵通，而且十分准确。本书其他章节还有本指南的摘抄。）

在联合作战总部的指挥官们为突袭行动制订最后的详细计划的同时，部队也在做积极的准备。当然，在执行任务之前，士兵们并不知道具体的攻击任务。一名军官汇报说："周围洋溢着一种气氛，让我有一种热血沸腾的感觉。"军队做了两次实弹演习，参谋们在一旁紧张地核对时间，做同步调整。

参加战斗的加拿大军队主要由一个步兵师和陆军第1坦克旅的一个营组成。此外还有英国第3突击队、第4突击队，皇家海军陆战队A突击队，美国突击队几个小分队和法国战斗部队。

参加作战的海军舰艇最大的只是驱逐舰，其他大部分是各种登陆艇和支

◎ 德国海防部队在高射炮的掩护下进行演习

◎ 迪耶普袭击失败后，盟军被击毁的登陆艇

援艇。

向德国人挑衅

迪耶普突袭在很多方面都违反了军事逻辑。尽管在突袭之初，出其不意很关键，不过盟军又希望能挑起德国人激烈的反抗，激起他们在地面和空中的反抗，所以英国皇家空军已经做好了打一场恶战的准备。盟军从各地抽调空军力量，其中有加拿大、美国、新西兰、波兰、捷克、挪威、比利时、法国等国家的飞行中队参与。

8 月 19 日凌晨，在猎雷舰艇的带领下，盟军 200 多艘战舰开赴法国海岸。因为此次袭击就是要出其不意，所以盟军采取了一切措施，为此次行动保密。

这次袭击的头号目标自然是迪耶普小镇，但是德国人占领着这个小镇，而他们在镇子面朝大海的悬崖上修筑了一些炮台。其中两个重型炮台，相距四五英里（1 英里约等于 1.6 千米），分别位于贝尔内瓦尔和瓦伦吉维尔。如果

◎ 从迪耶普突袭撤退的途中，中校拉瓦特勋爵与另一位军官在讨论问题，交换意见

不摧毁这两个炮台，它们猛烈的炮火会给城中和海岸上的加拿大军队带来极大的损失。因此突击队需要拔掉它们，解除威胁。由中校拉瓦特勋爵率领的第4突击队负责摧毁右翼的炮台（即位于瓦伦吉维尔的炮台），而第3突击队由中校邓佛德·斯莱特率领，负责摧毁左翼的炮台。

德国军队指南

摘录2

战役侦察

……战役侦察指大范围并深入地渗透到敌占区，为部队制订战略规划、采取行动提供基本情报。这种侦察旨在确定敌军的位置、所进行的活动，尤其是铁路中枢所在位置，前方和后方人员安排，军用物资装卸区域，野战或永久工事的修筑情况，空军力量集结区等。在侦察过程中，尤其是在开阔的侧翼，能识别敌军大规模机动化装备十分重要。战役侦察一般是空军和机动化部队的任务。空中摄影分队通常从16500英尺—26500英尺（1英尺约等于0.3米）的高空对地面进行拍摄。因为空中战役侦察的主要任务一般只限于侦察重要公路和铁路，所以通常不限定侦察的路段和区域。而对于机动化部队则指定方向和目标。

战术侦察

在战役侦察之后才会进行战术侦察，为部队完成作战任务提供基本信息。战术侦察任务包括确认敌军的构成、部署情况、军事实力、防空力量，确定敌军增援情况，勘察有利地形。战术侦察主要由空军侦察部队、机动化侦察大队和骑兵侦察队来承担。部队根据战役侦察的结果，来确定战术侦察的方向和范围。

空中侦察

侦察员一般在6500英尺—16000英尺的高空进行空中战术侦察。按规定，空中侦察部队有明确的侦察范围，一般不与地面侦察部队重合。通常一次只派出一架侦察机。

◎ 德军十分重视激发士兵个人的能动性，会最大限度地下放决策权，希望低级军官能承担更多的责任，而在盟军中这些责任都是由更高级别的军官承担的

地面侦察

各地面战术侦察大队分别负责不同地区的侦察任务。为了保持地面侦察大队的独立性，或方便他们改变侦察方向，一般仅指定侦察目标。因此会有界限将不同侦察大队的侦察区域区分开来。德国人一般不用主干道做各侦察大队侦察区域的界线，而是将主干道纳入各大队侦察区内。他们根据具体战况、侦察大队兵种和兵力、路网及地形情况，来确定侦察区域范围。一般来说，机动化侦察分队的侦察范围不超过30英里。

战术侦察步骤

当机动化纵队预计会遭遇敌军时，他们会加快速度前进。地形和路网状况决定部队行进的速度。离敌军距离越近，速度就越快。德国人会充分利用公路系统，而且前进和后撤一般不是同一条路线。

侦察大队大队长通常会派出侦察小分队，小分队前进速度一般更快。

◎ 德国一级下士，他们能领导并激励士兵取得卓越的战功

◎ 虽然德国装甲师武器相对精良，机动化程度也相对较高，但是从总体上说，即使到了1944年，德军的机动化程度也没有1940年在法国作战的英军高

他们与大队的距离由具体战况、地形、信号设备有效范围等决定。不过通常来说，他们离大队不超过一小时的行进路程（约25英里）。大队是侦察小分队的后备力量，是先遣队的信息中心，为后方部队搜集、传送信息。机动化侦察小分队有装甲侦察车、半履带装甲车和摩托车，具体配置由小分队的任务和当时的情况来确定。摩托车用于填补侦察漏洞，能使侦察网

◎ MG42式中型机枪火力凶猛，射速快，杀伤力强，但是容易卡壳，需要经常维修

迪耶普突袭

盟军在突袭迪耶普时，计划由装甲部队和步兵团对小镇的德军进行猛烈攻击，突击队则从两翼进行包抄。这其实是1944年诺曼底登陆计划的小型预演，而这次负责两翼包抄的不是突击队而是伞兵部队。

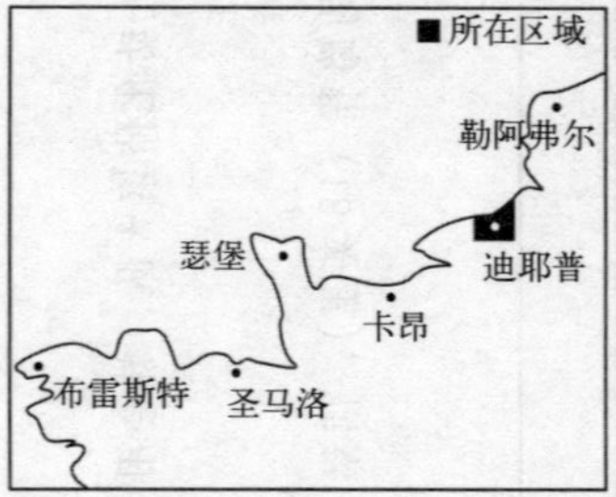

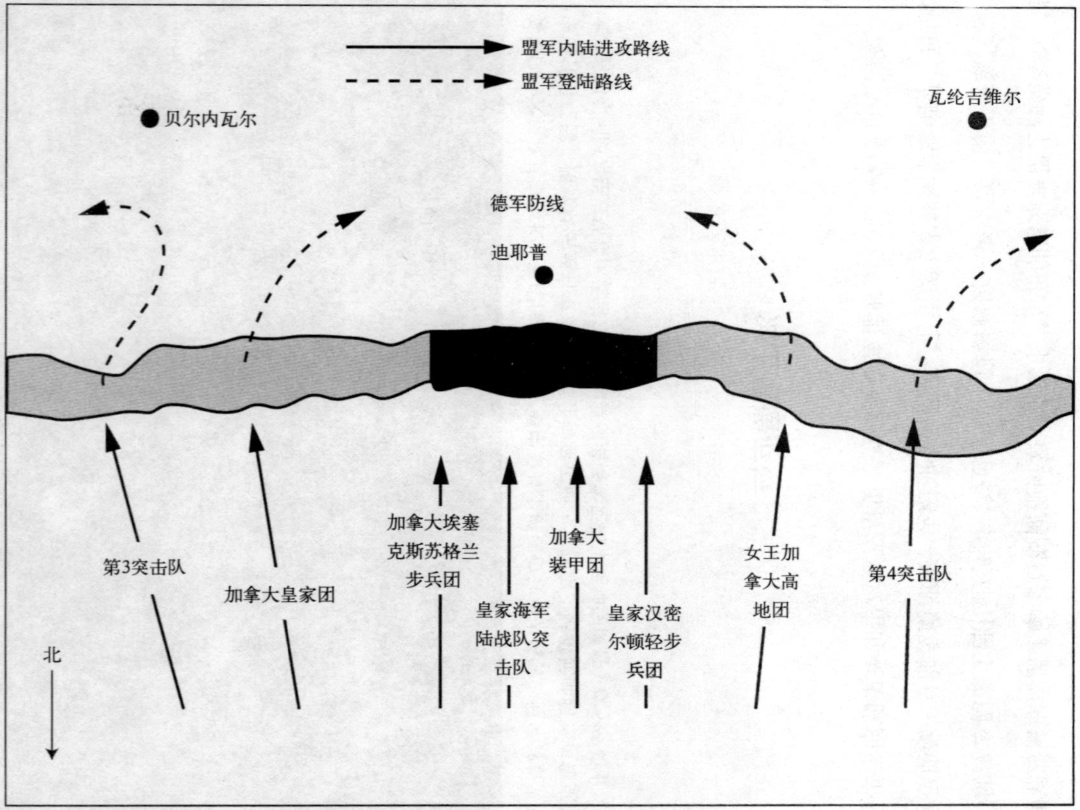

更严密。

要近距离对敌军进行侦察，如果不方便部署机动化侦察大队，就会用师部侦察大队的机动化侦察小队来取代他们。

师部侦察大队与大部队的距离不会超过一天的路程（18 英里），侦察范围约为 6 平方英里……

◎ 英国国防大臣及其参谋长。英国国防事务主要由照片上的四位领导人负责，照片背景为唐宁街10号花园。照片从左至右依次为空军元帅查尔斯·波特尔、陆军元帅阿兰布鲁克爵士、首相兼国防大臣温斯顿·丘吉尔先生和第一海务大臣海军元帅安德鲁·坎宁安爵士

海上遭遇厄运

凌晨 3 点 47 分，厄运降临盟军突袭部队。负责左翼攻击的突击队向突击位置行进，在距离法国海岸 7 英里处，遭遇一小股德军。这股德军拥有一艘油轮和一艘武装护卫舰。这本是一场规模很小的遭遇战，但是却引起了德国守军的注意，大大影响了盟军左翼的进攻。事实上，这场遭遇战只影响了盟军左翼部队的

攻击，不过由于袭击迪耶普的各分队行动是紧密相连、环环相扣的，左翼的失败对整个行动来说简直就是场灾难。如果进攻贝尔内瓦尔的第 3 突击队没有遭遇这一小股德军，能像右翼的第 4 突击队那样顺利，这次行动可能就不会有那么大的损失了。但是战场上风云变幻，显然这次上天没有眷顾加拿大部队。

在这场小规模海上遭遇战中，运送第 3 突击队队员的登陆艇队形被打散，很多舰只严重受损。在超过预定时间 25 分钟后，六艘登陆艇在明亮的晨曦中登陆法国海滩，还有一艘则在另一个海滩登陆。德军向六艘登陆艇上的突击队员猛烈开火，起初他们还能在德军的炮火中向前挪动，不过最后寡不敌众，没能继续前进。另一艘登陆艇中有陆军少校彼得，两名军官和 17 名突击战士。他们只有十支步枪、一挺布朗式轻机枪、六支冲锋枪、三支手枪、两门迫击炮，还有一些炸弹。他们知道自己要攻击的敌军至少有两百人。但是，他们毫不畏惧，爬上海滩的崖壁，来到德军重型炮所在的贝尔内瓦尔。要对德军进行

◎ 德国新闻影片剪影，摄于迪耶普突袭中。这名伤员由战友抬着，脸上满是失败的痛楚

正面攻击是不可能的，所以突击队决定采取狙击战术。在两小时内，突击队的狙击战术极大地骚扰了德军。德军曾一度用5.9英寸（1英寸约0.03米）的海防炮对突击队进行近距离平射。因为用光了所有的弹药，彼得和他的士兵不能再牵制德军，所以他们不得不往海滩撤退，最后在海滩上与海军会合。

德国军队指南

摘录3

战场侦察小分队

……德军派出的侦察小分队，一般由一名士官和三到四名普通士兵组成，负责搜集敌军位置、布雷区等情报。他们通常不与敌军接触，一旦遭遇袭击会马上撤退。

战斗巡逻队

战斗巡逻队一般至少由一名士官和八名士兵组成，他们的战斗力较强。一般来说，战斗巡逻队听命于中士，一名中士手下有15名—20名士兵，分成两个小队，每个小队由一名队长领导。这些巡逻队负责偷袭，任务通常是抓捕俘虏。因为盟军拥有制空权，这大大削弱了德军空中侦察能力，所以德军更加注重从战俘，尤其是被俘虏的军官中获得盟军军力、部署和战争意图等情报。

德军经常派出战斗巡逻队或其他巡逻队，探测敌军前哨部队的兵力。若对方兵力较弱，巡逻队会袭击他们，占领他们所在的地方，等到后援部队接手再离开。若对方兵力较强，巡逻队会设法抓一名俘虏回去。

地形侦察

德军意识到地形对军事行动有很大影响，因此他们十分重视侦察地形。他们大部分侦察任务都包含地形侦察。有时地形十分重要，需要派特别小分队进行侦察。地面和空中侦察大队尤其注意对路网的侦察，查看其密度、路况、路障、雷区、受损情况，也很注意地形本身，特别是坦克行进地区的地形。

装备及支援

德军地面战斗侦察巡逻队一般有全自动手枪、一挺到两挺轻机枪，用于掩护巡逻队前进或后撤。工兵通常带领巡逻队穿过德军雷区，为巡逻队穿越敌军铁丝防线或雷区扫除障碍。在巡逻队到达目的地之前，炮兵对其进行火力支援，扰乱敌军的注意力。有时炮兵会佯装攻击目标附近区域，让敌军误以为那是他们的侦察目标。在其他情况下，他们会在前一天准备好大炮和迫击炮，然后在晚上轰击要侦察的区域。一旦前方障碍被清除，巡逻队会在机枪的掩护下从侧翼潜入目标……

在突击队进攻的两个炮兵营之间，还有两个攻击点，即皮尤兹和普尔维尔，德军在这两个地方另有炮营。若德军从这两处开火，也会影响此次盟军的攻击。

按计划，主攻迪耶普的两支加拿大军团分别为埃塞克斯苏格兰步兵团和皇家汉密尔顿轻步兵团，前者在海滨大道东边海滩登陆，后者则在西端海滩登陆。加拿大皇家团负责进攻皮尤兹，而南萨斯喀彻温省团负责普尔维尔。皇家莱斯燧发枪团和皇家海军陆战队突击队则为后备军团。女王加拿大卡梅隆高地团作为攻击普尔维尔的第二梯队，将越过南萨斯喀彻温省团，继续前进，攻打德军在圣奥宾的军用机场。

前文已经说过，盟军左翼行动失败，没有摧毁德军炮台，因此它依然能发射猛烈的炮火。而在右翼，情况则完全不同。拉瓦特勋爵率领的突击队离第3突击队很远，根本不知道他们遭遇了德国军舰。幸运的是，防守瓦伦吉维尔的德军也不知道贝尔内瓦尔那边两军已经交火。

◎ 英国喷火战斗机低空飞过迪耶普拍摄的侦察照片，为稍后发动的突袭提供了宝贵的情报。这架喷火战斗机飞得极低，所拍的照片上甚至可以看清楚街上的行人

凌晨 4 点 50 分，第 4 突击队队员乘坐登陆艇准时在陡峭崖壁下的圆石滩登陆。直到突击队员全部下船，躲藏在崖壁之后，德军才发现他们，开始用一挺机关枪对他们扫射，但是这显然已经迟了。

突击队员需要找到一条路登上崖顶。他们面前有两条路，一条被铁丝网牢牢地封住，而另一条还没有修好。最后突击队员用爆破筒新开了一条路。

第 4 突击队比第 3 突击队要幸运，他们轻轻松松就登上了崖顶。而接下来，他们更幸运。就在他们引爆爆破筒时，四架挂弹飓风战机从空中飞过，在一片混乱中，德国士兵无法判断爆炸声到底来自哪个方向，所以没有发现突击队的行动。

突击队继续前进，他们知道另一个兵团只有少部分人在东边的瓦斯特利瓦尔登陆，所以他们必须得摧毁德军炮兵营的六门 5.9 英寸大炮。这个突击分队，在 D. 米尔斯 · 罗伯兹少校的率领下，前进得十分顺利，在早上 6 点前就已用轻武器向德军炮手开火了。而德国人还没组织起有效抵抗，突击队已经装好迫击炮，顷刻间，胜局就定了下来。一发迫击炮弹击中德国大炮旁堆放的炸药，一道炫目的闪光之后，在巨大的爆炸声中，德军所有的大炮都成了一堆废铁。

6 点 20 分，空中升起了照明弹信号，这表示拉瓦特勋爵的部队从西部开

◎ 英国士兵在迪耶普突袭之后再次回到盟军港口，他们很高兴自己能活着离开战场，平安归来

始进攻。这支部队在登陆后向内陆推进了一英里，停了下来，等待喷火战斗机从低空轰炸德军炮兵团后，再向前冲锋。喷火战斗机如约而至，突击队带着刺刀向前冲。两名率领士兵冲锋的军官，冲过250码（1码约等于0.9米）的开阔地后，中弹身亡。队长波蒂厄斯上尉接替他们的位置。尽管两只大腿都受了伤，他仍坚持着第一个冲到了德军大炮前。德军守卫，除了四人被俘虏外，其余全部被歼灭。波蒂厄斯因此被授予维多利亚十字勋章。

◎ 这艘英国驱逐舰已经被德国炮弹击中，为了不被德军俘获，英军炸沉了它。照片拍摄时，鱼雷正好撞上该艘舰艇

第4突击队按计划有序地撤出战场。在撤退前，战士们把战死的英军士兵生前用的武器放在他们身边，并给他们盖上英国国旗。

同时，向皮尤兹进攻的部队遇到了德军的顽强抵抗。加拿大皇家兵团一登上海滩，就遭遇到德国守军猛烈的炮击。第3突击队在海上与德军交火，迫使加拿大皇家兵团不得不改变行军路线，所以到达皮尤兹时，比预定时间迟了20分钟。而这时，德军已经进入阵地准备迎击。凯图中校率领的这支加拿大兵团遭到德军火炮的交叉攻击，伤亡惨重。一些士兵突进到离海岸50码的海堤旁时，发现根本没办法找到隐蔽点，躲不开德军猛烈的炮火。上尉布朗是前沿观察官，当时负责指挥“庭院”驱逐舰为突击队提供炮火掩护。他说道：“敌军火力又猛又准，皇家军团在5分钟内从一支进攻部队变成了两支防守军队。他们被敌军的炮火压制着，根本不知道敌人会从哪个地方向他们射击。”

德国军队指南

摘录4

城镇防御

……德国人认为城镇和村庄是绝佳的战略要地，尤其是那些拥有砖石建筑的城镇和村庄。而且他们认为城镇也是反坦克要地，因为在其他地方需要部署更多的步兵火炮来摧毁它们。

在防守某一城镇或村庄时，德国人会将其主阵地放在建筑物多的地方。因为城镇边缘容易受炮火袭击，所以他们认为不牢靠。德国人主阵地的安排无规律可循，主要是为了能形成侧面攻击。士兵会尽力隐藏自己的位置，直到最佳攻击时刻来临，才开始发难。德军会在主阵地前安排小作战点，以便粉碎敌军的攻击，为主阵地提供侧面掩护。他们会设计包围圈，想方设法将敌军引入包围圈，再通过后备的反攻部队将之歼灭。这些反攻部队在城中待命，而其他后备部队则蛰伏在城外，以防敌军从侧翼进行攻击。

建筑物中，不管有没有人员驻守，都会安放诡雷。德国人将所有的入口封死，打开所有的窗子，以免暴露射击位置。房间保持黑暗，建筑与建筑间的墙上开凿通道。为了不让敌军察觉，德军士兵一般在屋子中央开火，而且经常改变射击位置，在地窖或房顶互通信息。他们将机枪架在较低的位置，通常是在地下室里，以便进行低伸射击。房顶上的士兵用烟囱和檐板做掩护，还会挪掉一些瓦片做枪眼。他们架起探照灯照亮射击区，如果没有探照灯，便会用车头灯代替，方便准确地击中敌人。如果屋子垮塌，德军士兵会在地窖继续战斗，把废墟的碎石堆作为据点继续进行防守。

虽然德军会把坦克安排在十字街头或广场的壕沟中进行防守，但是他们认为它们在城镇守卫战中不起什么作用。通过东线的战斗，德国人总结出这样一条经验：单独的坦克容易遭燃烧弹、磁性水雷、炸弹摧毁。德国人自己在使用这些反坦克武器的时候，都会将它们部署在城镇周边的散兵坑中。在反坦克行动中被打抛锚的敌军坦克，无论是在城中还是在城外，他们都会尽力摧毁它，以防它重新启动，或者防止敌军将之用作炮兵观察哨和机关枪巢。在反坦克雷区还零星布置有防步兵地雷，因为德国人将进攻的步兵视为自己最主要的威胁力量。

如果敌方进攻部队突进防线，打乱德军的防守布置，他们就会用突击炮进行直接火力支援。为了增强砖砌体的防御性，德军会将突击炮或坦克部署在建筑物内，用它们来抵御敌军装甲车辆和步兵。除非是败局已定，否则德国人会坚持使用突击炮或坦克向敌军发起反击。而且德军可能会在任何时候，向敌人发起突然反击。

为了防御村庄的战略要地，德军会任命特别战斗指挥官来指挥战斗。特别战斗指挥官通常是他所在防区部队、应急单位以及民兵组织的高级军官和战术指挥官。他拥有团长一级军官的权力。

如果要守卫的村庄较小，巩固本村庄的防御一般就足够了。而对于较大的村庄，除了防守村庄内部，德国人还会在村外建立外部防御系统。

战壕是村庄内防御的重要部分，主要由一条或多条连续的战壕组成，每条都有一个较深的主要战斗区。防守阵地的前沿地带一般在村庄外，在特殊情况下，如果这样安排不利于进行反坦克防御，就会安排在村庄中。德军会同时利用大炮和重型武器一起防守战壕，当然他们也会安排单炮来守卫战略要地和公路。战斗离战壕越近，德军越有可能将支援部队分开，以配合步兵战斗队的行动。

◎ 这些纳粹防空兵装配有半履带式战车，它已成为德军移动式防空武器。因为缺乏对付盟军战机的高射炮，所以在诺曼底战役中，德军地面部队得不到足够的保护

村庄外的防御体系同样由很多同心阵地组成，每个距离约为4英里—6英里，这样能迫使敌军大炮每次只能攻击一个阵地。在防守大型城镇时，如有可能，德军会在城外12.5英里—18.5英里处修筑战壕。在战壕外约2200码处，则是德军的前沿阵地。而掩护部队则在更远的干道和铁路边。

包括机动化和自行车巡逻队等在内的各类巡逻队，他们会发出预警，警告敌人到来，并持续观察敌军行进情况。而像警察岗哨、政党官员、当地农民等也会承担这样的任务。

从外部防守阵地到城镇或村庄中心，各连队或营的防区都有明确划分。通常防区的界限不与重要的干道重合，这些干道一般都由整个连队或营来防守。每个战略要地、防御工事（包含邻近建筑）和防区都有后备部队。步兵、坦克、突击炮、自行火炮组成的战斗集群是机动化后备部队，他们的任务是对敌进行大规模反攻。

除了正规军，德国人还会利用应急部队、有组织的壮丁、陆海空三军人员等对城镇进行防守。除了有正规编制的应急部队外，德国人还会组织起由退伍士兵、编队幸存人员以及在重组中的部队人员，建立临时应急部队。德军只有在紧急情况下才会部署应急部队。作为地方部队，他们主要的任务是保护司令部、补给站、机场以及驻守防御工事……

◎ 德军士兵在反坦克壕中休息。在德军中，军衔相对比较低的军官在战场上也要做重要的战略决策，盟军则不会如此。德军在训练步兵时，就希望这些人在部队失去高级军官时能代替他们，胜任他们的职责

皇家军团竭尽全力，想在战斗中取得一定程度的胜利，所以有些战士就对被包围的小分队采取了各种极端的手段。韦德中尉一人冲进一个德军碉堡中，用手榴弹炸死了里面所有的守军，自己也英勇牺牲了。最后，盟军决定让皇家军团幸存的战士撤退，派海军舰艇开进海滩，试图救回所有活着的盟军士兵。但是他们遭到德军炮火猛烈的攻击，一艘登陆艇直接被击沉，所幸的是，艇上一部分人员最终获救。

不过，在迪耶普东边海峡上的德军未被歼灭，这无疑对盟军的主海滩登陆作战带来极大的困难。

盟军在另一侧翼的进攻也显示了突然袭击的重要性。陆军中校梅里特率领南萨斯喀彻温省兵团到达普尔维尔海滩时，只比预定时间迟了 5 分钟。他们在海滩上只遇到了德军微弱的抵抗，在消灭了这股敌军后，他们继续向内陆进发，占领了第一个目标。尽管后来德军的抵抗越来越强烈，这些加拿大士兵仍然冒着危险继续前进。

南萨斯喀彻温省兵团的将士们在占领普尔维尔后，继续向前进发。他们在试图通过锡河大桥时，被德军重型迫击炮和机关枪的炮火压制住，无法前进。这时他们的上校走到队伍前，鼓励众将士冒着敌军的炮火，勇往直前。他也因此获得了维多利亚十字勋章。

加拿大战地记者华莱士·雷伯恩生动地描述了当时的场景：

战士们正准备再次向大桥发起进攻，一名军官沿着街道大步走来。是梅里特中校。他停下来，边摘下钢盔、抹去额上的汗水，边问：“怎么啦？”“长官，桥上火力太猛，我们在想办法过去。”“嗯，跟我来。”梅里特走到街中央，说，“勇士们，我们要冲过这座桥。跟我来。不要挤在一起，分开。冲啊！”他挺直身体，冷静果断地大步冲向大桥，丝毫不畏惧身边乱飞的弹片。他把钢盔吊在手腕上，边走还边转它。在梅里特的带领下，大部分人都冲过了大桥。那一天，梅里特在桥上来回跑了不下三趟。

每次他准备率领士兵冲过大桥时，都会说："加油向前。没什么可怕的。"虽然在敌人的炮火中，梅里特这么置生死于不顾，但是他却奇迹般地毫发无伤。不过最后梅里特中校没跟他的部队撤回英国。在海滩上将自己最后一名士兵送上船后，他背上几挺冲锋枪和步枪，准备潜回普尔维尔。他说："我要回去多杀几个德国鬼子，为我的人报仇。"后来有报道说，他被德国人俘虏了。

◎ 德国军官在下命令前或开会过程中交换意见。足智多谋和积极主动是德国低级军官十分推崇的品质

女王加拿大卡梅隆高地团利用南萨斯喀彻温省兵团搭建的桥头阵地，继续前进。虽然他们的指挥官戈斯特林中校在登上海滩时就不幸中弹牺牲，但是这支部队还是在白天迅速向前推进。在预定的撤退时间内，他们已经向内陆前进了两英里，在前进的途中给德军造成重大伤亡。

◎ 海军水兵在观察天空，寻找德国战机的踪迹。1942年，德国空军对盟军来说是重大的威胁，但是到1944年诺曼底登陆时，这种威胁已大大降低了

对迪耶普小镇的袭击

盟军从正面进攻迪耶普小镇时，先让海军舰艇对镇子实施快速猛烈的炮火打击，还让装载机炮的喷火战斗机和飓风战斗机进行低空轰炸。然后派埃塞克斯苏格兰步兵团和皇家汉密尔顿轻步兵团分别从左翼和右翼进攻迪耶普。尽管盟军的炮火十分猛烈，加拿大部队仍遭到了海滩上德军部署在东西两海峡隐蔽炮台的猛烈炮击。皇家汉密尔顿轻步兵团在皇家加拿大工兵团的协助下，对镇子上的大赌场采取猛攻。大赌场当时已成为德军的战略要地。

◎ 在迪耶普的德国守军整装穿过镇子，参加为迪耶普战役中战死的加拿大将士举办的葬礼

德国军队指南

摘录5

如何进行防御

……德军在防守某一阵地时，无论是在紧急情况下还是经过了详细周

密的计划，他们都会遵循同样的原则。除非人力或物力不足，他们不得不根据阵地的真实情况来做具体部署，否则都会采取集中火力，利用各后备机动部队进行有组织的猛烈的反攻来防守阵地。他们通常会选择某一点作为防守和进攻的重点。德军进行防守反攻时，一定会采用这种战术，努力将敌军的主攻点变成自己的主攻点，让敌人转为防守。

在防守时，德军会在敌军到达防御阵地前向他们开炮，试图破坏他们的进攻。德军认为在主阵地前沿、前沿阵地、紧挨火炮阵地的位置同时设立观察哨十分必要，所以即使敌军已渗透入防御阵地，他们还会继续观察敌军的动向，对他们实施持续的火力打击。尽管像排长这样低级别的军官也可以下令要求火炮掩护，但是炮兵团团长会尽量将这样的权力掌握在自己手中。德军重型迫击炮和其他掩护武器一样，都被置于后方斜坡上。德军会集中迫击炮的火力，为部队提供最大的炮火支持。

如果大批敌军突破德军防线，进入防御阵地，德军高层将领负责决定是采取大规模反攻夺回阵地还是将主阵地挪往后方以退守。反攻时，德军会选择条件允许、准备充分的方位，直接向敌军发起反击。集结区域、时间、反攻目标和区域、火炮支持、坦克、自行火炮、突击炮和空中力量等的部署都由一名指挥官决定。

◎ 杀伤力极强的88毫米高射炮

因为盟军掌握了制空权，德国空军不能为所有防区提供空中保护，只能集中保护重点区域。轻中型高射炮的主要任务是保护公路。盟军空中侦察十分精确，这迫使德国人不得不在每天晚上更换高射炮的位置。德国高射炮转移到新位置后，都会静默两小时，目的是为了能伏击盟军的战斗轰炸机。德军通常将探照灯与受保护的公路平行放置，以防盟军飞机用照明弹识别公路，实施精确打击。因为德军一般在夜晚运输增援部队、补给和弹药等，所以这样部署显得尤为重要……

◎ 德军举行隆重的仪式，将战死的加拿大士兵移入新挖的墓穴中。在西线，德军采取这种庄严的仪式埋葬敌军士兵，与此同时，在东线，他们采取的却是极不人道的方式

由于德军炮火猛烈，希克森的士兵无法遵照他的命令摧毁邮局中德军的主交换机。希克森委托其他指挥官指挥部队，并命令大部分军士停止行动，他带着一排人冲向了大赌场。他用炸药炸开墙体，毁掉混凝土炮台外的钢门，一口气杀死了5名德国炮手。加拿大人在摧毁邮局后，炸掉了封锁沙滩和通向迪

耶普主要通道的 6 英寸舰炮，同时也封堵住了几挺机关枪的火力点，完成了端掉德军炮台的任务。

这时，加拿大第 14 装甲团的第一批坦克由特殊的坦克登陆艇送上岸。德军的海堤高度从 8 英尺—10 英尺不等，为了让坦克顺利通过海堤，加拿大皇家工兵团冒死在海堤上打开了一条通道。

盟军在迪耶普战役中首次使用英国新式坦克——丘吉尔坦克。这种早期坦克拥有改装过的特殊的排气口，允许坦克在 6 英尺深的水中行进。尽管在此次战役中，盟军动用了 29 辆当时最先进的坦克，但是它们在迪耶普遭遇的是灭顶之灾。

这些新式坦克遇到了一系列混凝土构筑的反坦克路障和庞大的反坦克沟系统，因此没能消灭海滩上的德军，进而开进迪耶普镇。盟军遭遇了巨大伤亡，丘吉尔坦克也遭遇了厄运。它们一登陆就遭到德军强大炮火的打击，这意味着这么笨重的坦克也许完成不了攻占迪耶普镇如此艰巨的任务。

尽管英国皇家空军在迪耶普上空与德国空军展开了殊死搏斗，他们却帮不了在地面作战的战友，扭转不了败局。德国人在从海滩到迪耶普的路上设置了大量用混凝土修筑的障碍，丘吉尔坦克无法清除它们，所以就不能有效支援步兵，因此岸上的加拿大步兵在德军的炮火下根本前进不了。虽然如此，加拿大人仍然顽强地与德军作战。虽然坦克不能驶离海滩继续前进，但是加拿大人已经在镇子上建立了据点。不过因为德军在兵力上占有优势，渐渐掌握了主动权，俘虏了很多加拿大士兵。他们把大批精疲力竭的俘虏集合起来，押他们游街示众，给他们摄像。德国新闻宣传片记者碰上了难得的拍摄机会。

被德军摧毁的丘吉尔坦克成了德军宣传的绝佳素材。他们不仅把它作为研究英国最新科技的对象，还视其为自己的战利品。

尽管盟军在迪耶普战役中惨遭失败，但他们也因此获得了许多宝贵经验。在两年后的诺曼底战役中，这些经验得到充分利用。谁也没有想到，1944 年 6 月，丘吉尔坦克竟然会重返战场，而且在很多关键战役中起了重要的作用。

◎ 德军在海滩上竖了无数木桩，顶上吊着泰勒地雷，照片显示的就是其中之一

袭击西边海峡上德军防御工事的坦克中，有一小部分进入了迪耶普小镇，但是却被德军强大的反坦克力量堵住了退路。一辆丘吉尔坦克推倒一座房子，试图逃跑，但是又遭到其他反坦克炮的攻击。在这个时候，仍在海上的后备队——皇家莱斯燧发枪团，被派去增援埃塞克斯苏格兰步兵团，但是也遭到在海滩上的德军，尤其是东边海峡上的德军集中火力的打击，寸步难行。罗伯特少将只好派皇家海军突击队出战。

盟军驱逐舰放出烟幕弹，试图掩护突击队队员行动，但是烟幕散去的时候，他们却遭到德军强大炮火的攻击，所以只有少数突击队队员上了岸。陆军中校菲利普斯意识到继续战斗已毫无意义，所以他戴上白手套，向后面的船只挥手，示意后撤。他挽救了很多士兵的性命，但是自己却不幸受了重伤，英勇地牺牲了。

同时，在岸上的部队仍在继续战斗。他们在收到信号撤退时，已经给德

◎ 迪耶普战役幸存的士兵回到英国，向大家自豪地展示一面英国国旗。这面国旗曾在迪耶普德军炮台的上空飘扬了很短时间

◎ 诺曼底战役之所以能成功，很大一部分原因是盟军的保密工作做得十分出色。参与此次战役策划的人员都清醒地认识到，稍露口风就会带来极大的危险。宣传海报对增强盟军将士的保密意识起了很重要的作用。德国人根本不知道盟军登陆的具体时间和地点，从此可以看出盟军保密工作取得良好的成效

军造成了不小的损失。此次战役之后，加拿大官方在有关迪耶普战役的报告中提到了他们在撤退中遇到的困难：“一直以来，在这样的突袭行动后进行撤退，都是最艰难、最危险的行动。这次撤退尤为如此，因为敌人将大量的机动炮、迫击炮、后备部队投入到了战斗中。虽然敌军因此能组织起强烈的炮火，向海滩和近海地区实施猛烈的打击，在迪耶普附近的盟军船只和舰艇因为有装备精良的战斗机的掩护，只是受到了俯冲轰炸机的零星攻击。海军战士一次又一次勇敢地冲上海滩，将撤回的部队带到船上。在岸上的各级军官也做出了很多英勇的行动，将伤员送回登陆艇。此时，盟军驱逐舰尽量驶近海滩，为撤退的将士提供炮火掩护，并接走幸存的将士。

“在此，我们要像参加迪耶普战役军医和医疗看护人员致敬，感谢他们在前线英勇的工作。他们和部队一同行动，在炮火中为伤员提供紧急治疗，这无疑挽救了很多战士的生命。战后的报告显示，回到英格兰住进医院的 600 名加拿大士兵中，死亡率只有 2.5%，这与他们的及时救护不无关系。在撤退的途中以及在医院里，医生给大部分伤员用了新研制的磺胺类药物，药效很好。

“在一整天的行动中，英国皇家海军用大炮猛烈地攻击敌军海岸阵地，成功地掩护了地面部队登陆和撤退。尽管他们遭受德军火炮和空中力量的强力打击，英国海军除了损失大量的登陆艇（德军称盟军投入了三四百艘登陆艇）之外，只损失了一艘狩猎级驱逐舰，即“伯克利号”（904 吨级）。这艘军舰损毁严重，英军不得不将之炸沉，船上大部分船员获救。”

空中较量

本章最后一部分要讲述的是，在迪耶普小镇上空，与地面行动同时进行的空中战斗。正如英国皇家空军希望的那样，德国人惊觉盟军登陆后，迅速派出备用空军力量投入战斗。结果，这成了此次战役中最激烈的混战。英国皇家空军出动 2000 多架次飞机。它们除了要跟德国空军战斗外，还负责打击地面的德军阵地，轰炸附近的机场，投掷烟幕弹掩护地面部队进攻和撤退。一天的战斗结束后，英国皇家空军损失了 106 架飞机。而德国空军的损失要小得多，只损失了 48 架。尽管如此，这次空中行动付出的代价足以引起德军的注意，因此他们在这次战役后对空军的部署做了大规模的调整。丘吉尔首相在谈到这次空战时，还遮遮掩掩地说："这次空战结果十分令人满意。空军指挥部希望每周都能打一次这样的空战。"

众将士在迪耶普战役中的英勇表现给之后"霸王行动"的策划产生了深远的影响，这一点不难理解，但是盟军为此也付出了高昂的代价。虽然在战斗中牺牲的加拿大士兵只有 170 人，但是这支近 5000 人的队伍中，有 3260 人受伤或被俘。不管怎样，他们在战斗中殊死搏斗，为盟军做出了重大贡献。甚至德国人也被他们的英勇所折服，对他们的行为表示赞赏。受德军控制的巴黎电台，鲜少报道盟军的正面新闻，但是这次他们却称赞道："在战斗中，他们首先表现出来的品质是顽强，是坚忍不拔。这些人甚至趴在地上，坚持打光最后一颗子弹。他们这种英勇无畏的精神让人记忆深刻。"

无论是英国人还是德国人，乍一听到大英帝国军队开始登陆法国作战时，常常会问这个问题："这样值得吗？"回答很可能是："值得！"从某种意义上说，迪耶普战役对盟军在北非、西西里、萨勒诺，当然也包括诺曼底等地在内的登陆行动，起了关键作用。虽然加拿大军团在这次登陆战中付出了沉重的代价，但是这么大的牺牲最后却带来了更大的益处。

迪耶普战役的教训

加拿大人在评估迪耶普作战行动的结果时，也承认了此次战役的重要性。他们在这次战役后出具的官方报告中说："参与联合行动的国家都同意采取进

◎ 陆军元帅约翰·格瑞尔·迪尔爵士，1941年12月25日—1944年11月4日任英国驻华盛顿英美参谋长联合委员会英方首席代表

攻战略。在准备和制定这项政策的过程中，获取敌军军事力量、军事部署以及其他可能影响此次行动的因素的最全面的信息，是我们工作的重中之重。

“我们可以从多种渠道获取这样的信息，但是在很多情况下，只有真枪实弹地与敌人拼杀一场，才能获得决定进攻成败的关键信息。我们必须从这个角度来看待、评价迪耶普战役。在战后总结中，我们认为我军事先应该进行登陆实战演习，练习在敌军占领的海滩，面对拥有强大军事力量的敌军，尤其是在面对拥有重型装甲战车的敌军，如何进行登陆作战。”

不仅仅是盟军，德军最高指挥部也从迪耶普战役中吸取了经验教训。他们意识到需要提高自己的防守力量，尤其是海防的力量，以应对盟军的两栖登陆。他们对迪耶普战役做了仔细的研究，总结得出混凝土障碍和反坦克沟在战斗中有很重要的价值。此外，德军在海边滩涂上加设了无数障碍，以阻挡敌军步兵和装甲车辆，不让他们轻易上岸。为完成大西洋壁垒的修筑任务，希特勒命令陆军元帅埃尔温·隆美尔承担这项重任，他于1944年1月走马上任。

第二章 准备“霸王行动”

迪耶普战役让丘吉尔更清醒地认识到实施“霸王行动”的艰难性。这次战役让英美联盟内部关系一度十分紧张，因为美国迫切想采取更激烈的报复行动，但是英国不同意。不过在 1943 年 1 月举行的卡萨布兰卡会议上，英美两国商定在 1944 年 5 月 1 日后再登陆法国，对德发起攻击。

同时，丘吉尔提议从西西里登陆进攻意大利，进而再攻入欧洲的软肋巴尔干地区，他的这个提议获得罗斯福等大部分与会人员的同意。虽然西西里岛战役至今仍是历史学家争论的热点，但是我们不能否认这些行动为诺曼底登陆提供了宝贵的经验。

英国陆军大臣詹姆斯 · 格里格爵士在 1945 年 3 月 13 日的下议院演讲中，强调了在意大利作战的重要性。他说：“一般情况下，在没有确定能否为作战部队提供足够的援助力量，以保证作战部队的战斗力，使他们能坚持到行动结束，就让部队投入战斗，这不是好的策略。但是 1944 年夏天开始的战役决定了整个战争的全面胜利。所以我们决定投入所有兵力，与轴心国决一死战。

“在准备诺曼底战役的同时，我们在北非向敌军发起了持续进攻。在消灭掉他们后，我们于 1943 年 7 月攻入西西里，两个月后进入意大利。这些行动为后来的诺曼底战役提供了很多经验。为这次登陆战，我们研制了不少新武器。至于盟军是否应该为进攻法国尽量保存实力，这也只能是见仁见智的问题了。不管怎样，在意大利的战役的确成功地牵制了德军23个师的兵力，使他们无法调往诺曼底。”

为准备诺曼底登陆，英国皇家空军在1942年一整年里，经常从高空拍摄被德军占领的法国北部海岸的照片。1943年，他们转为对德军欧洲海防线进行更细致的低空侦察。此外，盟军还呼吁法国抵抗组织搜集德军的情报。

除此以外，BBC还向听众征集他们去世界各地度假时所拍的照片，或当地的明信片，他们的目的也是为了搜集德军情报。听众回信十分踊跃，节目播出24小时之内，BBC就收到了大量照片，最后他们总共收了约1000万张照片。为了分拣这些照片，美国专门派来50名女兵。与此同时，盟军开始准备制作印刷大批地图，这些地图上准确而详细地标明了法国各地的位置，准备分

◎ 英格兰南部某地，英国皇家海军陆战队队员为在敌占区登陆做演习

发给参加登陆战的士兵。

基地设在牛津大学，由英国皇家陆战队上校山姆·巴西特率领的联合地形考察小组，他们负责搜集法国海岸的情报，并运用他们丰富的经验和高超的技术为盟军选择最佳登陆点。

在选择具体登陆海滩时，需要考虑从英国出发的战斗机所能提供掩护的范围。最佳的登陆地点自然是加来海峡地区，因为这里离英国多佛只有23英里。军队在渡海时战斗力最弱，渡海路线越短，危险越小，当然就越有利。大家都能想到加来是盟军登陆的最佳地点，德军自然也想到了，所以他们在这一地区部署了欧洲壁垒上最强的防御力量。

盟军仍然牢记迪耶普战役失败的教训，他们认识到在荷兰登陆，不能确保可以夺取那里的港口，而且德军在那里的防御力量也很强，所以排除了在荷兰登陆这个想法。

◎ 1942年10月2日，在尼泽拉翁进行的空降训练。1944年，盟军空降部队承担起迪耶普战役中突击队所负责的侧翼保护任务

德国军队指南

摘录6

观察哨所

……德军修筑起钢筋混凝土工事作为海防炮兵观察所和指挥所。图1是最常见的观察所——636型海防炮兵观察所。观察所有独立的观察室、绘图室、雷达监测室、军官宿舍和士兵宿舍。屋顶上装有一台巨大的维尔茨堡无线电测向仪。为消灭近处的敌人，后方入口附近开了两个机枪眼：一个在外墙，一个在楼梯口位置的内墙上。哨所中有为两名军官和九名士兵准备的宿舍。因为负责哨所值勤的士兵人数远远不止这些，所以在哨所附近还有一个可容纳一个分队队员的掩蔽所。

永久性防御战线上的野战炮兵哨所和掩蔽所类似，只不过多了个为哨兵修筑的钢制圆顶。

障碍物

德国人对障碍物利用的战术与美国人不同，他们会在主战场阵地内设障碍。这些障碍由混凝土碉堡和露天炮台提供火力掩护。德军会利用固定或移动的永久障碍，它们大部分都以钢筋、混凝土或钢筋混凝土浇筑而成。下面介绍最常见的几种障碍物。

反坦克障碍

龙牙：在西线大西洋防线上最明显的特征之一，是德国人在此使用了所谓的“龙牙”这种障碍，见图2。这些钢筋混凝土浇筑的棱锥体一般呈四至五排不规则排布。靠近敌方的那一排龙牙最矮，只有2.5英尺高，越往后越高，最后一排为5英尺高。这样坦克就会被卡在障碍物上，动弹不得。所有的龙牙都浇筑在同一个混凝土基上，有时则是一排处在一个混凝土基上，这样可以防止敌人推倒龙牙。

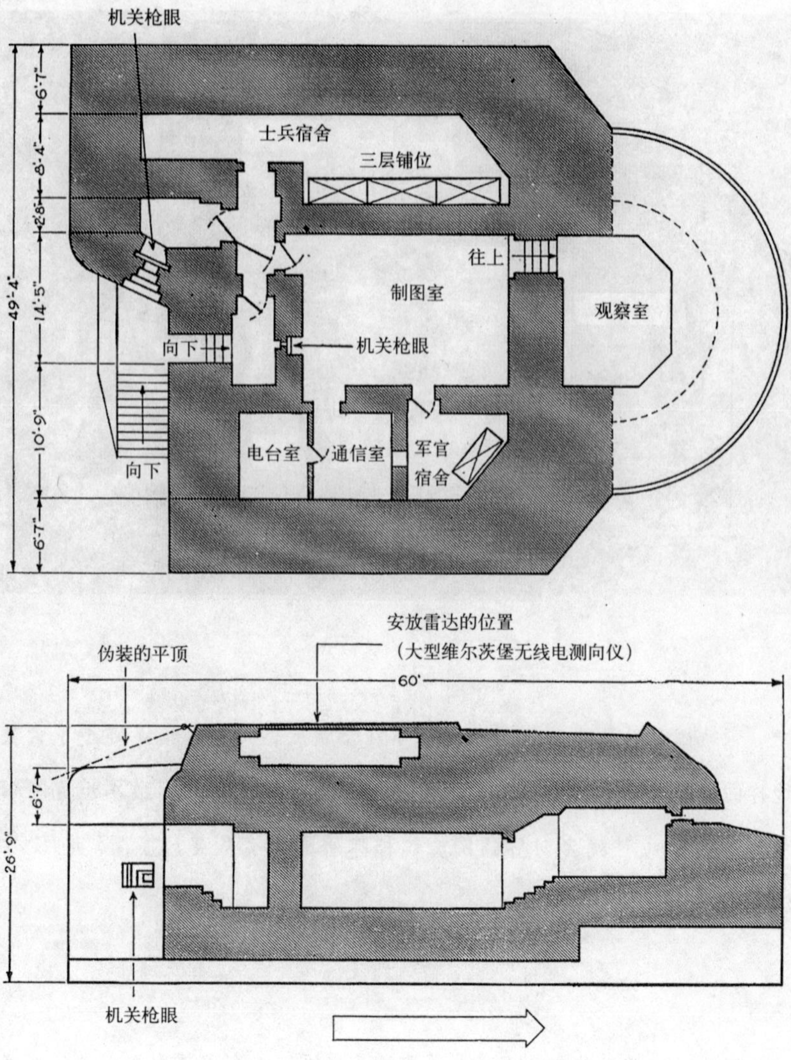

◎ 图1

龙牙通常绵延数里，只在穿越龙牙的公路或坦克不能行使的地区不浇筑这些障碍物。

C形门：德国人还使用比利时宽泰反坦克障碍，即通常所说的C形门。图中他们将多个C形门连接起来，形成反坦克墙。因为C形门前后有轮子，所以德国人还会把它们作为可移动障碍单独使用。

◎ 图2

弯轨障碍：跟C形门类似。德军在修筑大西洋壁垒时，建造了大量这样的反坦克障碍。这些弯轨面朝敌方，坡度越来越大，敌军坦克在攀爬这样的障碍时就会向后翻倒。这种障碍通常有6英尺高，3英尺宽，10英尺长。

路障

钢梁：在通过防御工事的公路路段，德军可能会设置路障。他们在路两旁浇筑前低后高的钢筋混凝土墙，再在墙上水平搭设多根钢梁，或者在路中央垂直设立钢轨。

四方墩：德军还用多个四方墩来设置路障。四方墩即由钢制框架或坚实的混凝土砖搭成的四面体。它们的高度从2.5英尺到4.5英尺不等，这样设置的目的是困住坦克，让它们动弹不得。

铁丝网障碍

图3是德国双层铁丝网栅栏，栅栏有4英尺—5英尺高。右边通过栅栏的公路上，可以看到缠有带刺铁丝网的拒马。德军把拒马称作“西班牙骑手”，用它们做路障。德军拒马高4英尺，框架上装有角铁或为木质结构。他们还在很多地方使用单圈、双圈，或三圈蛇腹形铁丝网，比如缠在混凝土柱上，固定在高墙墙头，和双层铁丝网栅栏绕在一起，放在混凝土龙牙之间。德国人还使用埋深为30英尺的绊网。这些网在地面的高度仅为4英寸至8英寸高，绕在不规则排列的木桩上。同一排木桩间距为10英尺—13英尺不等，不同排木桩间距为7英尺—10英尺。

◎ 图3

选择诺曼底

最后可选择的登陆地点就只能是诺曼底海滩。它离英国较远，德国人不容易想到。同时它又在英军战斗机的作战半径内，而这里的防守又没有加来地区那么严密。此外，如果盟军能早日夺取瑟堡，就能为军需物资的运输提供一个良好的港口。登陆欧洲作战，需要大批士兵，而这些士兵需要大量的物资保障。

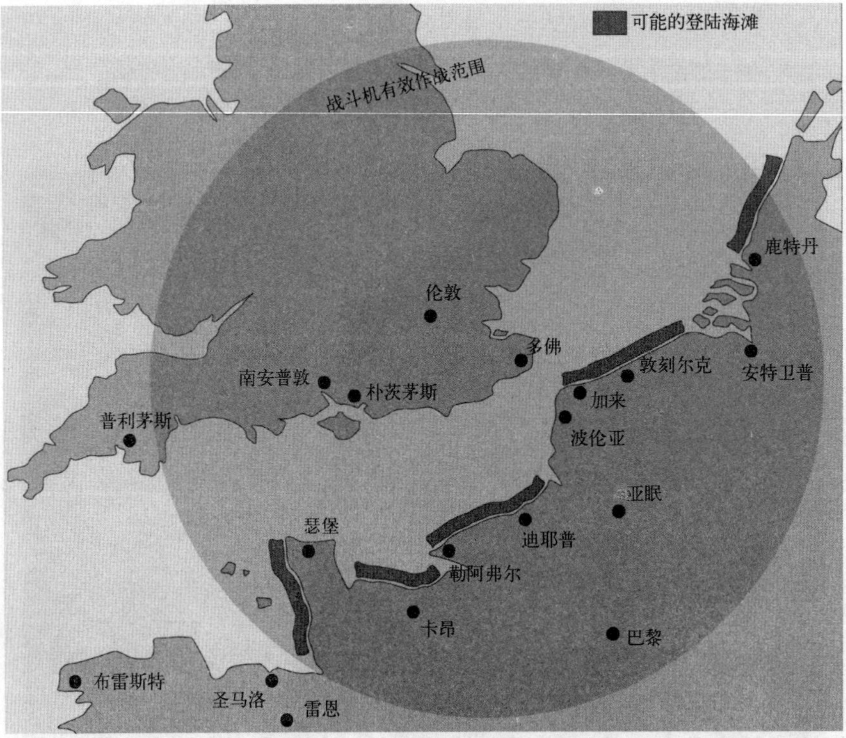

◎ 迪耶普战役让盟军打消了直接攻击重兵把守的港口的想法。从荷兰到诺曼底沿岸有很多海滩可供盟军登陆

万一不能攻下瑟堡，盟军就采用另一方案，修建两个人工港，这对整个作战行动的成功有可能起着决定性作用。从迪耶普战役中可以看出，攻击敌军已有港口一定会遭到德军顽强的抵抗。而在当时，攻击防御力量较弱、地势开

阔的海滩能迅速夺取大片海岸区域。但这只解决了一半的问题。一旦登陆，盟军抢滩登陆部队必须抢在德军之前得到增援。在这种情况下，要依靠快速夺取现有港口来接收部队，风险很大。唯一的办法是在攻击开阔海滩的同时，修筑快速卸载物资和增援力量的码头。陆军大臣詹姆斯·格里格爵士在下议院演讲中，谈到了修筑码头的其他问题：

和历史上所有伟大的设想一样，这个设想看起来也很简单。但是要实现这个设想，却是一个艰巨的任务。到进攻的第四天，我们需要准备沉没 60 艘旧船，作为英国和美国军队的防浪堤。此外，要将 6000 吨混凝土沉箱拖过英吉利海峡，修建两个标准港口——“马尔伯里”。光为英军修建一个港口，就使用了 4.25 英里长的这种沉箱，重量合计约为 55 万吨。诺曼底战役开始的第 12 天，盟军将 1.6 万吨沉箱投入该港口，而到第 34 天，平均每天要投入 6000 吨。

最高指挥官

在选定登陆地点后，盟军就开始任命总指挥，负责指挥盟军将士进行诺曼底登陆作战。

因为参加这场战役的大半将士是美国人，而且所用的装备大部分也是美国的，所以丘吉尔和罗斯福很快取得了一致意见，认为最高指挥官应由美国人担任。经过几番讨论，罗斯福决定选用艾森豪威尔。艾森豪威尔曾巧妙地设计了名为“火炬行动”的北非登陆战。在接受任命时，艾森豪威尔将军正全权指挥在意大利和地中海地区作战的盟军。

艾森豪威尔一上任，就在伦敦西郊的布歇公园设立了总指挥部，将所有他能找到的盟军最优秀的指挥官招致麾下。空军元帅亚瑟·泰德爵士任副总指挥，空军元帅特拉福德·利-马洛里爵士负责空军，海军上将伯特伦·拉姆齐爵士负责海军，负责指挥陆军的则为将军伯纳德·蒙哥马利爵士。中将奥马尔·布拉德利和中将迈尔斯·邓普斯负责指挥主攻部队，分别负责美国第1集团军和英国第2集团军。长期担任艾森豪威尔参谋长的少将沃尔特·比德尔·史密斯继续与其合作，做他的参谋长。风云人物蒙哥马利自然格外受到关注。

行动一开始，指挥官之间就存在一些分歧。盟军最初计划投入三个师的兵力进行诺曼底抢滩登陆。但是蒙哥马利很快意识到，要保证此次登陆作战的成功，必须要五个师的兵力。50年之后，蒙哥马利的儿子仍能清晰地记得当时的情形：

◎ “霸王行动”计划翔实，盟军甚至没有忽略夺取德军的气象预报站

霸王行动计划

艾森豪威尔被任命为最高指挥官的同时，他也开始着手制订“霸王行动”计划。他命令蒙哥马利带领将要进攻欧洲堡垒的第21集团军，这项任命意义十分重大。选择诺曼底海滩为登陆地点，主要是想利用从英国到欧洲的物资补给路线，同时这对德军也有一定的欺瞒效果。行动计划一开始准备投入三个师进行抢滩作战，但是蒙哥马利极力说服最高指挥部，将兵力扩充到五个师。这个决策在1944年的行动中被证明是非常正确的。

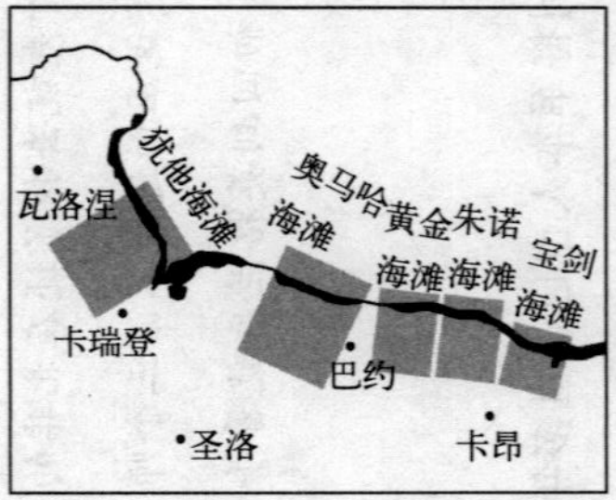

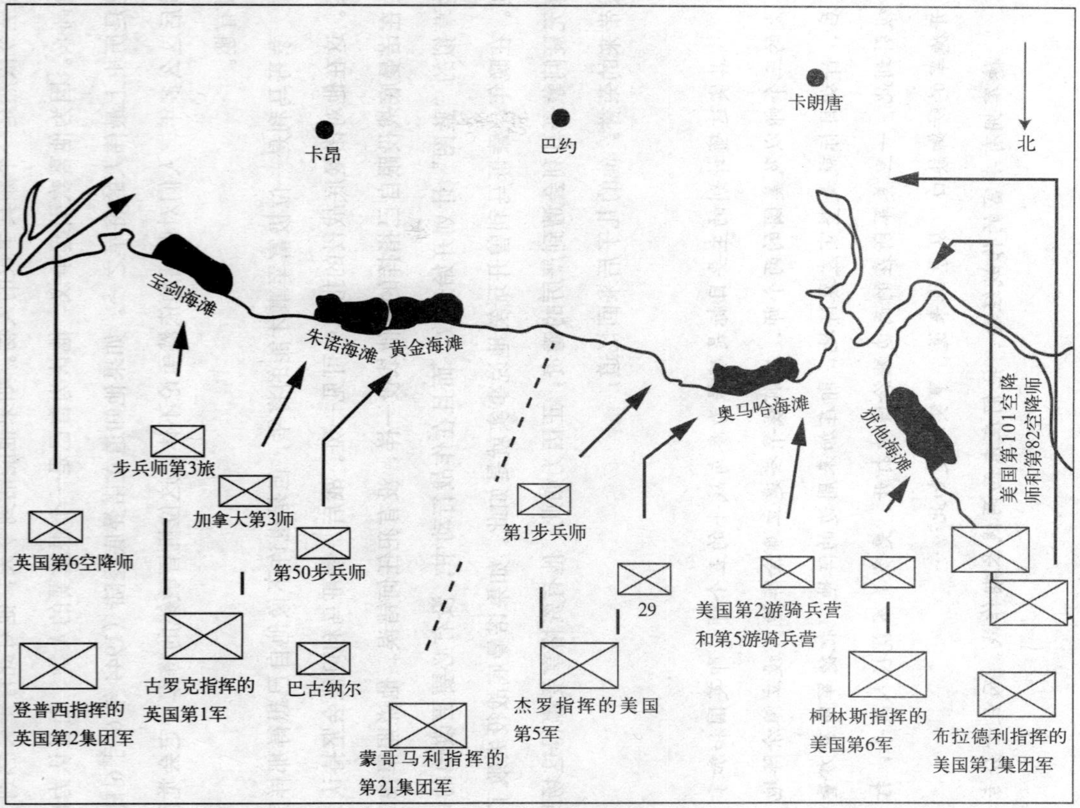

我父亲接到指挥“霸王行动”的命令时，他首先就去找了还在北非的艾森豪威尔谈话，然后又去找丘吉尔，向他们解释说正面进攻只派三个师不够，需要扩大到五个师。他其实在1944年1月初回到英格兰后就着手启动这项计划了。

尽管诺曼底战役已经过去多年，尽管蒙哥马利将军本人也已逝世多年，他至今依然是一个颇具争议的人物。如果他能活到今天，他对此肯定会感到十分高兴。因为他喜欢引起争议，他认为自己是一个很重要的人物，而且认为自己是历史上最伟大的将军之一。如果他知道在诺曼底登陆（1944年6月6日）过后这么多年，人们对此话题依然争论不休，这位机智敏锐的将军一定会觉得很有趣。

蒙哥马利是一位极富军事才能的将军，但是也许不像他自己想得那样完美。这在他对诺曼底战役的指挥中可见一斑。战后，蒙哥马利可能会坚持认为他在诺曼底战役跟自己指挥的其他战役一样，没有犯任何错误。他说盟军按照他草拟的“蓝图”计划开始进攻，而且在作战行动中，没有必要更改他的计划。在晚年，蒙哥马利曾开玩笑地说事实就是如此。如果诺曼底战役失败了，毫无疑问蒙哥马利会遭到严厉的谴责，正因为如此，他有资格享受赢得这场战役带来的荣誉。他的儿子后来回忆道：

其实这项计划的主要目标是确保为参与战斗的五个师，即英国和加拿大的三个师以及美国的两个师，在前线早些建立滩涂阵地。设立滩涂阵地后，行动目标就是坚守左翼阵地，即在加来周边的阵地，把德军所有力量吸引到此。一旦美军所在的西边滩涂阵地打开，更多美军就投入战斗，打开德军的防御缺口。从总体来说，事实就是如此……

德军拥有丰富的作战经验，他们在东西两线长期作战，而且十分专业。英军也是如此。有趣的是，在此次战役中占有举足轻重地位的美军，却没有太多实战经验。这可能也是我父亲在行动之初，让他们去打开西边缺口，而不是在东边阵地与德军对峙的一个原因吧。

我父亲信奉的一条军事格言就是必须协调好军队内部的关系。在北非沙漠时，他就一直努力与空军密切合作，让他们支持地面部队的行动。在诺曼底登陆时，空军起了十分重要的作用，尤其是在轰炸德军补给线、铁路和交通枢纽上，起了关键作用。而在地面部队的支持和掩护下，盟军空军还在运送伞兵方面起了极为重要的作用。在诺曼底登陆时，大量伞兵也投入了战斗。

◎ 1943年12月末—1944年1月，盟军陆续公布了负责领导盟军开辟西线战场的指挥人员的名字。该照片摄于1944年1月，坐在前排从左至右依次是：副总指挥空军元帅亚瑟·泰德爵士、同盟国远征军总指挥德怀特·戴维·艾森豪威尔将军、英军总司令将军伯纳德·劳·蒙哥马利爵士；站在后排从左至右依次为：美军总司令奥马尔·布拉德利中将、盟军海军总司令上将伯特伦·拉姆齐爵士、盟军空军总司令特拉福德·利–马洛里上将，以及美军沃尔特·比德尔·史密斯中将

德国军队指南

摘录7

雷区的部署

……通常雷区部署要遵循一定模式才能确保其最大杀伤力。但是德军在不打算采取进攻行动的区域，却没有遵循这样的常规做法。在这些地区他们把雷区散布在各防区之间，布置地点没有规律可循。

他们采取同样的方式来部署主要反坦克雷区带，通常布置有反坦克地雷，在雷区前沿还埋置少量反步兵地雷。这两种地雷都可能装有防起雷装置，有些反步兵雷还带有绊线。有些时候，德军会用拉发线将这些雷挂在双层铁丝网栅栏的对角张线之间，防止敌人破坏铁丝网。

德军在反步兵雷区前沿也会埋设大量反坦克雷，以防止装甲车辆将主要反步兵雷带的地雷引爆。各种雷区的前沿地带通常都放有炸药，炸药放在安有压力雷管的木箱子里。这些炸药既能摧毁坦克，也能炸死步兵，而且地雷探测器一般探测不到。

◎ 雷桩

◎ 真雷区标志

◎ 假雷区标志

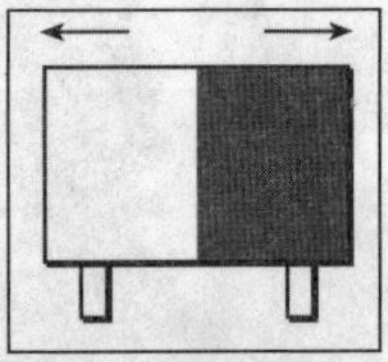

◎ 雷区通道标志

◎ 其他真雷区标志

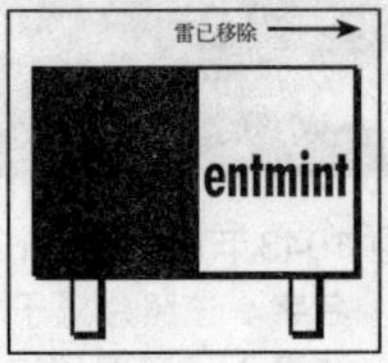

◎ 其他雷区通道标志

德军在大部分非雷区前沿，尤其是小道边沿，通常会埋有零星的地雷，位置分散，且没有标记。与雷区前沿呈直角的区域，通常也会布雷，用以摧毁绕着雷区找小道的车辆。

雷区小道留作巡查小队通行，而通道则是让进攻部队通行。工兵需要不定时为常规巡查队开辟新的小道，旧的则要布上雷。在靠德军这一方的雷区，他们会设置安全隔离带，不埋地雷。

尽管在紧急撤退时，德军通常不用火力掩护雷区，但是他们认为雷区需要火力掩护。正常情况下，一般在每个雷区后方要设立一个监听哨，由两名士兵负责监听。再向后 70 码到 80 码处，有四人至五人组成的火力掩护小组，配有一到两挺轻机枪。

若德军要紧急撤退，他们通常会布置许多小型骚扰性雷区。这些雷区埋有多种不同类型的地雷，一般不做标记，而且能看出匆忙布置的痕迹。由于这些地雷埋设杂乱无章，探测和排除这些地雷十分费事，而且很危险。尽管在这样的雷区，埋设地雷的方式以及种类不一致，但是还是能看出德军在选择埋设地点上的偏好。

<table>
<tr><th>地雷种类</th><th>布置方式</th><th>地雷间间距</th><th>排数</th><th>每米埋设个数</th></tr>
<tr><td>T35雷</td><td>埋置</td><td>4米（4.4码）</td><td>8
12
16</td><td>2
3
4</td></tr>
<tr><td>T42雷</td><td>放于地面上</td><td>4米（4.4码）</td><td>8
12
16</td><td>2
3
4</td></tr>
<tr><td>T43雷</td><td>埋置</td><td>2米（2.2码）</td><td>4
6
8</td><td>2
3
4</td></tr>
<tr><td>R43雷</td><td>埋置或放于地面上</td><td>4米（4.4码）</td><td>2
4</td><td>0.5
1</td></tr>
<tr><td rowspan="2">S35雷</td><td rowspan="2">埋置</td><td>4米（4.4码）</td><td>8
12
16</td><td>1
2
3</td></tr>
<tr><td>2米（2.2码）</td><td>2
4
6</td><td>1
2
3</td></tr>
</table>

（续表）

地雷种类	布置方式	地雷间间距	排数	每米埋设个数
Schu42雷	埋置	1米（1.1码）	1 2 3	1 2 3
		0.5米（0.55码）	1 2	2 4

埋设位置

地雷一般埋在道路旁边或放在道路、飞机场上，铁道旁以及电报线路沿线。在匆忙的情况下，他们一般不在路面上放置地雷，但是有时会把卡其色T形雷安在道路的斜坡上，以期敌军司机在不注意的时候引爆地雷。德军还在司机要转弯的狭窄处的路肩上埋地雷。因为在峡谷入口处，司机要把车停在路边，等待对面车辆通过，德军就在这样的地方埋设地雷。德军经常在车子避让处、急转弯地带以及十字路口、狭径、深深的车辙旁、未铺马路的安全岛上布设反坦克雷。

隐藏地雷

心思巧妙的德军总是想方设法隐藏他们的地雷，不让敌人探测到。他们把地雷埋在24英寸深的地下，只有很多车辆通过产生的压力才会触发雷管，使地雷爆炸。把炸药放在木箱里，躲避普通地雷探测器的探测，在地雷埋设点的土上印车胎印……

铁砧行动

按计划，在诺曼底主战场登陆后几个星期内，盟军就要开始进攻法国南部地区，而对于如何进攻，盟军阵营内部存在着分歧。

◎ 英国军舰上的面包房。图中显示的仅仅是一艘军舰一天供应面包的一小部分，类似担任诺曼底登陆作战任务的军舰有数千艘。诺曼底登陆作战部队后勤补给任务的艰巨性可见一斑

这次行动最初被称为“铁砧行动”，要实施这次行动就必须从意大利撤回大量两栖作战船和大批地面部队。英国在意大利的作战行动原本就未达到预期效果，而为了保证“铁砧行动”的实施，他们得撤回大批部队，那么他们在意大利的作战规模就缩得更小了。

丘吉尔在他的职业生涯中，一直提倡开辟多个战场，进行多点进攻，尤其是进行两栖作战的时候更要如此。第一次世界大战中，他一直拥护加里波第。丘吉尔个人就很支持从意大利进攻欧洲，他把意大利称为“欧洲的软肋”。因此为在法国南部登陆而缩小意大利战场的规模，这肯定会遭到丘吉尔的反对。尽管如此，丘吉尔最后还是妥协了，不过他坚持把这次行动的代号由“铁砧行动”换成“龙骑兵行动”，以表示自己是被迫同意这种作战部署的。而对于诺曼底战役，因为登陆艇一时难以备齐，所以“霸王行动”从原计划的 5 月

推迟到了后来的6月。

制订“霸王行动”计划

在做了将近一年的准备工作之后，盟军于1944年初制订了诺曼底登陆计划，这项计划十分周密，极为安全，德军没有察觉到丝毫风吹草动。这是一场势在必得的战役。因为战场上瞬息万变，所以盟军在制订计划时小心翼翼，为应付各种突发状况做了大量的准备方案，虽然很多情况不会发生，但是有备无患。幸运的是，盟军在诺曼底的运气比在迪耶普的要好。无论如何，在局势变糟时，备用的安全措施和计划显得十分重要，尽管人们很少提到它们，但是这是成功必不可少的保障因素。

◎ 将军伯纳德·蒙哥马利爵士在与空军上将特拉福德·利–马洛里爵士讨论问题

国防大臣詹姆斯·格里格爵士后来重点强调了一些在行动中没有实施的计划：

在我们采用的新装置中，最引人注意的恐怕就是我们预先打造的“马尔伯里”海港了。不过除此之外，我们还设置了很多其他军事设施。我们建了一组用于卡昂运河上的备用水闸，如果德国人把运河上的水闸炸掉，就准备使用它们。我们将维修受损车辆的备用零件和配件放在特殊材料制成的箱子里，这样在晚上也能方便、及时地找到所需零配件。在士兵登陆后，我们立马向他们分发了两百万份用防水布装的供一天食用的给养，还有 300 万听自动加热的汤和可可。我们还有 350 万袋综合给养，600 万加仑罐装汽油，用 50 万只特质防腐袋装的 1.6 万吨煤等待装船。我们准备了 20000 英尺长的铁路桥和 2.5 万吨钢栈桥，为部队前进的时候能及时修建补给线做准备。仅仅在过去的半个月里，军械仓库就生产了 15 万英里长的电话电缆，1100 万码雷区探测带。

◎ 一架喷火战斗机完成对德战区的侦察任务后，安全返航，正驶过英国海岸

然后开始运往集结区。集结区营地都建在士兵登船港口附近，这样做有两个目的：首先，能将参战人员分组，让他们登上不同的登陆艇；其次这些营地就如同旅馆，随时待命的士兵们可以在这里吃饭、洗澡、睡觉、补充各种给养。也就是在这些营地里，我们给车辆做最后的防水处理。所有做过防水处理的15万车辆中，很多要驶过5英尺深的海水上岸，但是平均每1000辆中只有两辆没有在最后登上岸。

盟军空中力量

虽然总体来说，计划进展顺利，但是盟军内部还是存在一些分歧，尤其是在如何利用盟军轰炸部队上，分歧较大。各方讨论十分激烈，迟迟不能达成一致意见，以至于艾森豪威尔觉得无法解决部署盟军轰炸部队这一棘手问题，一度要辞去总指挥这一职务。

艾森豪威尔要求充分利用盟军轰炸部队，毁掉为诺曼底德军提供给养的铁路线、大桥和公路，对它们实施封锁。但是英国和美国轰炸部队的指挥却坚持认为，他们这样稀有的资源要保留下来，在攻打德国城市时用于空战。空军上将亚瑟·哈里斯爵士尤其反对艾森豪威尔的计划。而且美国中将卡尔·斯帕兹也极不赞成这个提议。实际上，哈里斯认为他的轰炸部队甚至在不需要地面部队支援的情况下，就有能力赢得这场战争的胜利。他十分喜欢让自己的部队轰炸敌人的储油目标。最后罗斯福和丘吉尔不得不出面调停，这才打开了僵局。1944年4月1日，盟军就已经开始对德军一些目标进行轰炸，为之后的抢滩登陆做准备。这时，各方都做了妥协，盟军内部已经团结起来，有了一定的凝聚力。

战后，一些统计数据显示，哈里斯有关轰炸德军目标的战略也许是正确的。尤其是，那时他已经把德国合成油工厂作为主要打击目标。尽管1944年5月他所能实施的轰炸计划并不多，但也产生了惊人的效果。虽然他的轰炸部队在5月份只有11%能承担这种作战任务，七八月间上升为20%，但每次他们都能大大减少德国合成油的生产。德国在1944年3月，合成油产量为92.7万公吨，5月就降为71.5万公吨，6月锐减为47.2万公吨。这给德国空军带来了巨大的灾难，因为他们需要燃油给战斗机提供动力，以对抗强大的盟军空军。

如果依照哈里斯的想法，只要继续这种轰炸行动，就能赢得这场战争的胜利，这未免有些夸张，但是如果德军燃油一直像这样供应不足，那他们抵抗的时间是不是会缩短，战争是不是可以早日结束，这值得深思。

空军大臣阿奇博尔德·辛克莱爵士在1945年发表评论说：

春末，我们的首要目标是轰炸诺曼底德军的交通设施。盟军空军在执

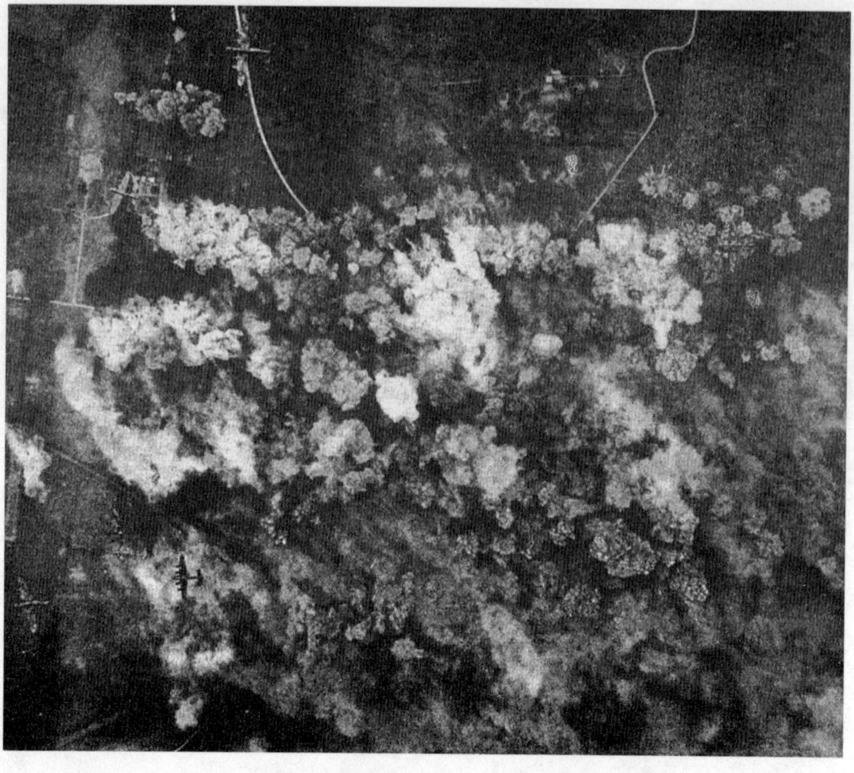

◎ 兰开斯特式轰炸机边向上爬升飞过波卡基村，边轰炸纳粹党卫军装甲师

行这项任务时，心情并不轻松，因为他们要破坏那里的铁路设施，而周边有些地方正是法国的人口密集区。我们大规模摧毁了那里的铁路堆场和铁路维修设施，还选择性地轰炸了塞纳河上24条公路桥或铁路桥。到登陆日那天，这24座桥都已经被摧毁或严重受损。因此，敌军在做防御计划时，就不能考虑利用这些桥梁，而不得不另做打算。德军想当然地认为，和盟军相比，他们增援部队的速度会更快，因为他们有公路和铁路，而盟军只能从海上进行增援。是的，在盟军登陆作战的关键三天里，天公不作美，盟军的增援部队和补充的给养不能在海滩登陆。但是，因为盟军空军做了极为细致的工作，而且英国和美国战术空军在白天完全掌控了法国的公路和铁路，盟军部队才能在德军之前获得增援。

制空权

随着登陆日日益临近，盟军渐渐控制了诺曼底登陆作战地区以及法国内陆地区的制空权，这为盟军在西北欧地区取得此次战役的胜利奠定了十分重要的基础。1944年春末，德国空军实际上已经被彻底赶出了诺曼底地区的上空。在诺曼底战役中，盟军充分利用了这种制空权。盟军轰炸机能削弱德军在海滩上的防御力量，切断德军的交通线路，使德军的增援部队瘫痪，不能用来对抗英军和美军的两栖部队和空降部队。如果在诺曼底的德军胆敢在白天大批行动，战术空军部队就会重创他们。此外，在诺曼底战役中，在很多重要的战斗中，盟军主攻部队在行动前，战略空军力量会对敌军进行轰炸。由此可见，制空权是诺曼底战役成功的十分关键的因素。

盟军海军

英国皇家海军在1944年6月6日以及其后几个月的战斗中，起了十分重要的作用。可以说“霸王行动”的成功离不开皇家海军的贡献。在这次战役中，盟军动用了数千艘舰艇，其中80%的舰艇上都是英军船员。即使是在美军负责的抢滩登陆海滩，登陆艇上的船员也主要是皇家海军后备役人员和皇家海军自愿后备役人员。虽然他们对诺曼底登陆也做出了贡献，但是却常常被人遗忘。

到1944年6月6日，盟军的联合海军实际上已经完全控制了英吉利海峡，德国海军组织不起什么有效的攻击。同时，盟军也控制了诺曼底登陆地区，只让德军偶尔采取几次进攻行动。不过，1944年6月6日清晨，德军36艘潜水艇从布列塔尼半岛港口出发，企图破坏盟军的进攻计划。但是，盟军反潜艇警戒网密集，德国潜艇直到6月14日才得以靠近登陆海滩。这时，盟军

◎ 德国潜艇出航。到1944年，德国潜艇的威胁已经被盟军完全遏制住。德军一证实盟军在诺曼底登陆的消息，立即从基地派出30多艘潜艇，但是这些潜艇都受到重创，而盟军舰艇的损失却很小

大批部队和物资都已登陆。他们对盟军只造成了一点小小的损失，自己却付出了极大的代价。1945 年 3 月 6 日，阿奇博尔德 · 辛克莱爵士在下议院演讲时，谈到了海军对此次战役的贡献：

对英国和美国的解放部队来说，登陆日就是去年的 6 月 6 日，但是对英国皇家空军来说，这场战役早就已经打响了。如果德国潜艇击沉了盟军的舰只，即使损失的数量只是 1943 年月均损失量的一小部分，这也会大大削弱我们对北欧攻击的影响力。但是，海岸司令部的海军中队和皇家海军护航大队紧密配合，控制了德军潜艇。轰炸机指挥部派出轰炸机对潜艇装配厂和隐蔽的船坞进行多次高难度精准的轰炸，也对这次战役的成功做出了巨大的贡献。

德国人曾吹嘘说，他们的潜艇可以阻止任何盟军士兵踏上欧洲大陆的土地。海岸司令部和皇家海军用行动狠狠地回击了他们。他们协力合作，为我们的护航部队和补给运输队扫清了海上的障碍，打通并保持海上通道的顺畅。

在诺曼底战役开始阶段，海岸司令部承担着主要的作战任务。在登陆日前三个星期中，德国海军元帅邓尼茨在想方设法将他们的潜艇，从挪威潜艇基地调至英吉利海峡受盟军威胁的区域。这些潜艇从遥远的挪威偷偷启程，穿过大西洋水域，到达英吉利海峡。海岸司令部总司令肖尔托 · 道格拉斯爵士已经预料到了德军的每一步行动。德国指挥官知道潜艇会遭遇盟军空军的打击，所以让全体船员集中接受防空训练。他们还特地装配了口径为 37 毫米的新式高射炮。他们的预测是对的，但是他们的准备却是徒劳的，他们遭到了盟军海岸司令部的空中打击。在北欧漫长的夏日里，德国潜艇从挪威海岸，到苏格兰设德兰群岛，再到丹麦法罗群岛，甚至逃到北极地区，都未能逃脱我空中力量的打击。很多潜艇因此沉没或严重损坏。

这才是较量的开始，在英吉利海峡及其西边的主要战役在登陆日打响了。在登陆日前一天，一艘德军潜艇利用潜艇通气管偷偷潜入近海区域。

◎ 美军士兵手册上画着的德国士兵插图。他们身穿迷彩外套。德国纳粹党卫军早在1939年就开始穿着迷彩外套。一开始，其他军种人员还嘲笑这身军服，但是它在战斗中却显示了超强的实用性。这种军服尤其适合在诺曼底的灌木丛地形下作战

战斗打响后，在比斯开湾的德军潜艇舰队从海面上开向英吉利海峡西岸。他们立即遭遇到英军海岸部队的攻击，后来这些潜艇上被俘虏的德国兵承认，进入英吉利海峡简直就是一场噩梦。登陆日后的四天十分关键，在此期间，海岸部队发动了38次精准打击，给德军造成了毁灭性破坏。

海岸司令部和英国皇家海军的密切配合，取得了决定性的胜利，给德军以致命打击，使他们元气大伤，难以恢复。

第三章　第三帝国（德国）内部

希特勒一意孤行，执意要与世界人民死战到底，这不仅让更多的德国人丧命，让他们遭受不该承受的损失，也让盟军失去了成千上万条宝贵的生命。1944年初，本来可以避免出现纳粹分子的疯狂行径，因为在德国内部，依然存在着强大的反对力量，有可能遏制纳粹分子走向极端。

那时，这种潜在的反对力量主要存在于德国军队中。从希特勒上台以来，德国军队或者说旧的德国军官团体与纳粹党之间的关系，就是一种政治投机关系。在1939年之前，这两者间没有太大的分歧，而战争更是拉近了他们的关系。

但是德军开始吃败仗的时候，局面发生了变化。希特勒渐渐不相信部队的将军们，开始强迫他们接受一项极具毁灭性的策略，斯大林格勒战役和突尼斯会战明显反映了这个策略的荒唐性。将军们厌恶这项策略，他们同时认识到，从战争的角度来看，德军已然失败了。

但是不是所有的军官都这么想？一些军官，尤其是年轻的军官，完全接受了纳粹的思想。但是其他军官对局势看得很清楚，1943年到1944年的那个冬天里，在苏联被俘的大量德国高级军官，加入了由苏联发起建立的德国军官联盟，通过莫斯科电台，劝告德国民众，推翻希特勒政权，结束这场战争。

在德国的一些高级军官（他们不认为自己应该遵守禁令，不听敌方电台），听到电台那边传来陆军元帅冯·保卢斯、将军冯·塞德利茨、丹尼尔斯等的声音时，大为震惊。其实无须听他们远在德国战俘集中营的同胞的话，这些高级军官也都能看清当前的形势。不过要推翻希特勒政权，说起来简单，做起来却很难。要实施起来，需要从政治和军事上做最精心的准备。

意识到希特勒不仅在快速摧毁德国的物资资源，也在毁灭德国大众，相当数量的德国军官团开始联合起来。但是他们却不知道反叛成功后，该何去何从。而他们反叛的动机也不纯。其中少部分是因为憎恨希特勒，憎恨他的纳粹政权，才要起义。有的则可能是真的关心德国民众的命运，有的想到的仅仅是1918年一战的结果：很不幸，战争已经失败了；但是最重要的事情是，跟26年前一样，拯救德国的军事传统、德军总参谋部和新德国军队的核心。这么做，可能还有东山再起的机会。

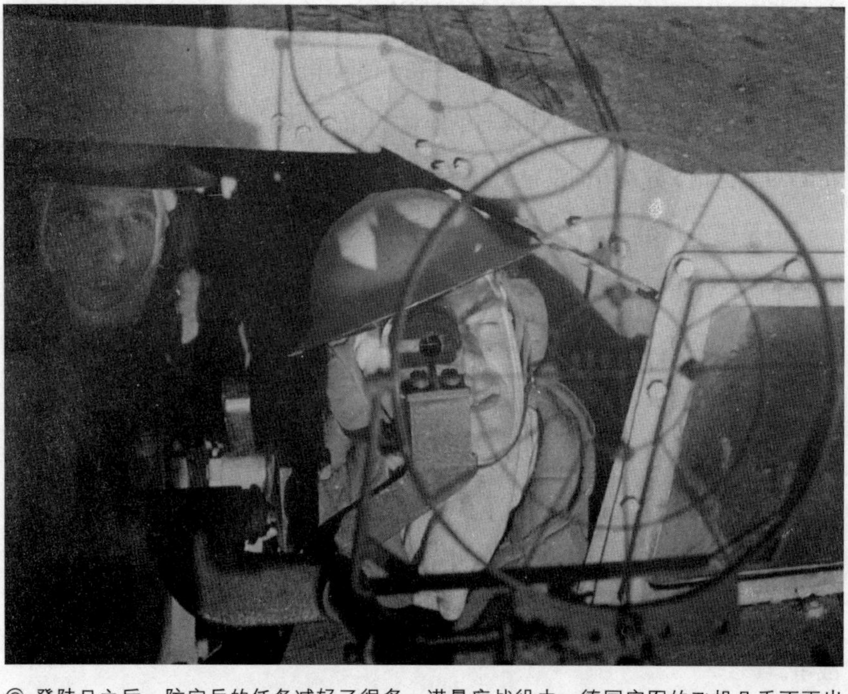

◎ 登陆日之后，防空兵的任务减轻了很多。诺曼底战役中，德国空军的飞机几乎不再出现，在后来的战役中出现得就更少了

不过之后他终于意识到德国不可能赢得二战的胜利

◎ 1944年初，隆美尔和希特勒合照。战后，有传言称隆美尔是好人，他一直反对纳粹党的行径。事实上，隆美尔是希特勒忠实的追随者。直到1944年，他仍然忠于他们的元首。不过之后他终于意识到德国不可能赢得二战的胜利

德国军队指南

摘录8

防御工事特点

……德军在设计防御工事时，首先考虑的是火力的有效性、掩蔽物和隐蔽性。火力的有效性是重中之重。德军会根据阵地地形，充分利用自然掩蔽物。在建设人员和物资掩体时，因为不需要考虑火力的有效性，所以就将之完全建在地下，或者跟地下水水位齐平的地方。炮台、碉堡、炮塔都很小，只能允许士兵发炮或开枪，以便从最大限度上减小目标，免遭敌军高角度炮和炸弹的袭击。

修建工事

综述

所有永久的堡垒工事和许多野战工事都由钢筋混凝土浇筑而成。不过有些野战工事搭建的材料则是石头、砖或木头。在修建水泥梁、炮塔、圆顶塔、炮档、机关枪眼和门等时，也会使用钢筋。这些装置都是事先预制好的，都有相应的型号。水泥工事根据种类型号来定。建造时，根据陆军军械办公室提供的图纸来施工。

混凝土厚度

混凝土墙和屋顶的厚度通常为6英尺6英寸（2米）。只有小型野战工事才允许修筑得比较薄。炮台的墙和屋顶的厚度不得小于6英尺6英寸，通常随着大炮口径的增大而增大。

混凝土加固

大部分德国混凝土防御工事都由钢筋加固。他们将这些钢筋扎成边长为10英寸或12英寸的立方体，钢筋直径从3/8英寸到5/8英寸不等，最常见的是1/2英寸，而且钢筋两头都有钩子。

大部分工事内墙上的顶由工字钢梁支起，钢梁包在混凝土顶板中。钢梁的大小由屋顶跨度决定。工字钢梁下边缘上搭钢板，形成工事的天花板。工事遭到炮弹或空投炸弹直接攻击时，这些钢板能阻止屋顶内部设施掉落。在有些工事中，屋顶由钢筋混凝土钢梁支撑，目的自然是为了节约钢材。

露天炮台

托布鲁克型

根据在北非的作战经验，德国人发明了一种露天圆形坑状炮台，坑里抹上水泥，他们把它叫作托布鲁克。希特勒随后命令，要求德军在修筑野战防御工事时使用托布鲁克坑，各师部都有修筑这种工事的说明。托布鲁克坑完全建在地下，它有一间混凝土浇筑的武器室，顶部有一个像颈一样的开口。通常他们用的是加固的混凝土。托布鲁克大小不一，主要取决于大炮的大小，不过其顶部开口的直径都很小，以减小受直接打击的风险。分发给各部队的施工说明中强调，托布鲁克不能浇筑水泥顶，因为这会暴露工事的位置。在圆形开口的上方，他们会盖上形状不规则的木板用作伪装以及挡雨。

托布鲁克 58C 型

德军把最常见的托布鲁克坑命名为 58C，又叫作环架，因为在坑颈内部有一圈轨道。放在上面的机关枪架可以滑动，因此机关枪可以进行 360 度射击。这种托布鲁克坑有一间地下弹药室，人员可以从弹药室进出。

迫击炮炮台

用作迫击炮炮台的托布鲁克坑，比如 61a 型，比环架要大，坑中间有水泥基座，作为迫击炮的炮架。这种型号的托布鲁克坑也有一间弹药室。

装甲炮塔

德国人还把托布鲁克坑用作坦克炮塔的基座，通常是法国雷诺 35 型坦克炮塔的基座。这种装甲炮塔配有一门反坦克炮和一挺同轴的机枪。炮塔用螺丝固定在一个圆形的金属板上，可以手动控制，转动炮塔角度，因此能进行 360 度射击……

纳粹领导层

纳粹领导层并没有什么长远的打算。他们知道，而且也曾公开地说过，他们不可能再有这样的机会。在他们看来，战争失败，对他们个人来说，对他们的行动来说，乃至于对他们建立一个由德国人统治的世界这种想法来说，都意味着结束。只要有出现奇迹的可能，比如盟军内部开始分裂，他们就不想承认失败。纳粹高层知道仅仅依靠宣传，是不可能带来这种奇迹的。不过他们已经在着手研发的新式武器，比如可以射向英格兰南部的远程导弹、喷气式飞机、一些单兵作战武器、新式潜艇等等，这些都有可能拖垮英国，让英国人妥协投降，以保和平。最后，纳粹政客们认为既然失败在所难免，那就要尽力把这场战争拖得更长。这样，整个欧洲都将遭到严重破坏，会陷入一片混乱，那么他们就有更多的机会开展游击战，让纳粹主义转成一种地下活动。因此，当时由希姆莱揽权的德国统治集团决心粉碎所有放弃战争、向盟军投降的行动。

盟军的轰炸

开战四年以来，盟军空军一直是西线反抗德国法西斯的中坚力量。从敦刻尔克大撤退到诺曼底登陆，他们持续不断地袭扰、打击德国军工厂和交通运输设施。如果不是盟军空军取得了制空权，遏制了德国空军的力量，重创了德军机场，摧毁了他们的工厂，就不可能有后来的诺曼底登陆。

盟军空军轰炸规模空前，连纳粹党宣传部部长戈培尔博士都不得不承认说："我们现在难以应对（这么大规模的轰炸）。"在 2 月 12 日之前的一周内，盟军空军总计投掷了 16000 吨炸弹。之后一周上升到 23000 吨，第三周为 41000 吨，第四周是 32000 吨，而且取得了辉煌的战果。在盟军从西部、东部、南部浩浩荡荡向德国进发时，其空军摧毁了德国炼油厂、坦克制造厂，摧毁了德军在各条战线上的通信设施。

1月4日，德国政府颁布了一项命令，允许帝国青年团领袖阿克斯曼“加快吸收德国青年加入战争”（如加入防空部队），“规范指导如何让德国青年参战”。这一决议影响了当时德国千千万万十岁以上的男孩和女孩。还在上学的男孩子，在年轻的纳粹老师的带领下，为战争服务，学习成了副业。纳粹党这么做，其中一个目的就是破坏家庭团结。纳粹统治者一直要破坏民众间的关系，这样他们就难以组织起有效的反抗纳粹党的力量。

◎ ME262型喷气战斗机在开发上遇到了困难，因此不能为德国空军赢得战争

德国军队指南

摘录9

碉堡和炮台

修筑

……虽然德军修建的碉堡和炮台类型多样，但是他们大部分步兵和炮

兵武器都安在开放式而不是封闭式装置上。按照德国军事思想，碉堡和炮台都要修建在露天野战工事上。碉堡的墙体和顶部厚度只有 2 英尺，而大西洋壁垒早期修筑的碉堡厚度只有 1 英尺。不过后来所有碉堡的厚度都增加到了 6 英尺 6 英寸。装有大口径大炮的炮台，其厚度至少要达到 6 英尺 6 英寸。碉堡和炮台通常有一个梯状射击孔，以防子弹反弹进来。此外，还有钢制炮档可以挡住射击孔。

因地制宜。有些碉堡没有按标准型号来建造，这显然是因地制宜的做法。德军经常将钢制炮塔架在开放式炮台上，以此作为碉堡。而在法国海

◎ 钢制碉堡内部

岸上，德军经常在海堤的坑上架起坦克炮塔作为碉堡。

685型炮台。图六所示为一种典型的德国炮台，型号为685，能装配210毫米或128毫米口径的高射炮。大部分炮台设计都很简单，只有一间放置大炮的设备室及存放弹药的凹室，不过有些还设有让炮手休息的营房。685型炮台的墙体和顶部厚度为11英尺5英寸（3.5米）。炮眼能允许大炮左右旋转60度，上下升降45度。很多类似炮台的炮眼甚至能允许大炮左右旋转90度—120度。此外，德军在炮台周围以及顶部堆上2英尺6英寸厚的泥土，为炮台提供保护及伪装。

伪装

为了伪装碉堡和炮台，德军将泥土堆在这些工事周围以及顶部，工事

◎ 加来地区正在修筑的大西洋壁垒防御工事。大西洋壁垒是一项浩大的工程。从隆美尔和希特勒的设想看，这项工程实际上根本没有完工。尽管如此，盟军可选择的登陆海滩相当少，在大西洋沿岸易受威胁的区域，德军广泛布置了强大的防御力量

后部入口由平顶建筑掩盖。大炮不使用时，可能会在炮眼前挂伪装网。若碉堡比较小，他们会用树枝遮挡枪眼。此外，德国人还在碉堡、炮台外修筑类似普通房子的木质建筑，以作为伪装。枪炮可以从假门或者窗户处向外射击。他们还会在射击孔上方修筑一道凸起的墙，以遮挡射击孔。

1月份，德军所有高级将领被召集到柏林，听戈培尔有关当前形势的演讲。戈培尔认为德军需要这样鼓舞士气的讲话，这也获得了希姆莱的同意（戈培尔从希姆莱处学会了恐惧和服从）。这表明纳粹党已经怀疑军队的忠诚了。

偏向纳粹党卫军

苏联在春季战役中横扫德军，在科尔松附近围歼了他们。只有一小部分德军乘飞机成功撤退，但是德国正规军中没有一支队伍逃脱，而纳粹党卫军维京师主力部队却被成功解救。类似的事件有很多，这也许是最明显的一次，让人觉得希特勒总部认为党卫军，激进的纳粹军队，远比德国正规军要宝贵、可靠。德军内部，从普通士兵到高级军官都意识到了这一点，一时间指责声不断。

3月，德国军事法庭称三名空军上将不敢作战，判处他们死刑。这三名上将在乌克兰作战时违抗了命令。其中两名上将被立即执行了枪决。剩下的一名上将是戈林的好朋友，而且他在德国南部高级军官中颇受欢迎。在戈林的斡旋下，这名上将获得了保住性命的机会。他当时有两个选择，一是接受枪决，二是降为普通士兵。他选择了后者，理由是德国急需各级有能力的军人。

同时，有两个现象表明德军中普通士兵对战争越来越厌倦。首先，被苏军俘虏的士兵远远多于战死和受伤的士兵。其次，越来越多的士兵在休假的时

◎ 在二战初期，德国国防军还保留有完整的骑兵师，即便是在1944年，德军相当大一部分交通以及后勤物资运输还依赖马匹

候开小差，化名掩盖行踪，当了逃兵。如果他们在度假的城市遭盟军空袭，他们就有了潜逃的最佳时机。他们可以假装自己在空袭中遇难，然后逃走。想掩盖自己的行踪或取化名并不难，因为很多户籍登记处都被盟军炸毁了，而且黑市上能买到假的身份证明。

纳粹党不把希望寄托在重新教育一班高级军官上，让他们把纳粹党的利益放在军队利益之上。他们重点培养那些他们认为可靠的军官，将一些没完全接受德军传统思想，但是却被灌输了一整套纳粹思想的年轻军官提升到重要位置。1944 年 3 月，德军统帅部新任将领教育监察总署成立。

5 月 20 日，纳粹党又采取了进一步行动，成立了纳粹党领导军官组织。原先苏联红军也有这样的政治委员会。二战爆发后，苏联在军中重新设立了这一委员会。后来，苏联最高司令部意识到要依靠军队的忠诚才能取得胜利，所以将政治委员会改成长期指派的军官委员会。但是德国人却一直宣称，如果没有政治委员会的恐怖统治，苏联红军就不可能战斗。颇具讽刺意味的是，他们在德军内部也建立了类似的组织。

为打消德国民众对盟军从西线进攻德国这一危险的忧虑，德国宣传部又吹嘘说他们的大西洋壁垒固若金汤，盟军不可能成功登陆欧洲大陆。其实，他们急切希望盟军来尝试登陆，而盟军在这坚固的防守前必定会失败，这样就能加快战争结束的进程。后来，德国宣传部又改口称盟军可能会占领欧洲大陆的某处地方，不过这样就会给德军更多的机会摧毁敌人的远征军。

对隆美尔的任命

虽然隆美尔在北非战场上吃了败仗，但是他依然是最受欢迎的德国将领。1944 年 1 月，他奉命监督法国以及荷兰、比利时等低地国家的海岸防御工作。不过结果证明，就是隆美尔也无法抵挡盟军如潮水般的攻势。

西线战事一触即发，东线战况对德军也不利。苏联已摧毁第聂伯河上游沿岸的“东方壁垒”，攻占其南北两翼，向波兰纵深腹地突进，在一个月内歼灭了50多万德军。又因为希特勒不顾帐下将领的劝阻，一意孤行，在波罗的海沿岸国家的德军没有及时撤离，使得30多个德国师被困在那里，与总司令部失去了联系。

◎ 盟军缴获的正在北豪森县是地下装配厂组装的V2火箭

戈培尔的宣传

当时德国宣传部能鼓吹的就只有一件事，即他们从加来地区向英国发射了成百上千枚飞弹。他们大肆夸大伦敦和南英格兰地区所遭受的破坏。纳粹分子的这种夸张、荒诞的宣传在短期内取得了一定效果，至少有一部分德国民众相信德国先进的科学技术以及新式武器依然能支持德国，让其与人力物力都占优势的盟军相抗衡。但是那些能看清当时形势的人并没有受到蒙蔽。很多德军指挥官很清楚他们大肆宣传报道的报复性武器、发动的战役都扭转不了败局。他们的攻击延迟了数月之久，因为他们一直希望盟军袭击加来地区，在这里他们部署了强大的兵力，而且还修筑了十分坚固的海岸防御工事。

然而盟军并没有掉入这个陷阱，而是选择在诺曼底登陆。这样德国人不得不同时在三条战线上作战。此外在“第四条战线”——空中战线上，德国人因为要集中精力开发 V 武器，削弱了空军力量，所以根本抵挡不住盟军的攻击，使得德军的生产和通信中心常遭盟军的空中袭击。德军指挥官很清楚，艾森豪威尔率领的盟军成功击溃诺曼底的德军防线，进攻欧洲大陆，这是迟早的事。

第四章　组建同盟国军队

从1942年起，美国就开始集结大批士兵和物资，准备支持英军进攻欧洲大陆。1944年，已有95万美国士兵在英国厉兵秣马，准备登陆欧洲作战。而且他们还带来了现代战争的全副装备。一时间，英格兰南部集结了成千上万的坦克、卡车、火炮以及后勤保障物资。此外，英国军队有计划地从意大利撤军，组建英国第2集团军，准备加入即将开始的作战行动。

英国军队

参加诺曼底战役的英国军队有着辉煌的战绩，是一支战功赫赫的队伍。虽然他们也有自身的不足和问题，但是他们敢于承认这些缺点。而且他们十分谦逊，或者说他们太谦虚了，称赞敌军的次数比赞扬自己要多得多，因此他们当时的盟友以及后来的历史学家都低估了他们的能力。试想如果英军和德军一样无能，那诺曼底战役就不可能打响，盟军也不可能赢得这场战役。蒙哥马利子爵在一次关于他父亲——蒙哥马利将军——在诺曼底战役中的作用的电视访谈中，谈到了这个问题：

历史学家在讨论诺曼底战役时，总是说那些有作战经验的德国士兵是经验丰富的老兵，却用“精疲力竭”来形容英国士兵。是的，有些德国军队是有丰富的作战经验，但是像党卫军第12装甲师、希特勒青年团等军队都是第一次参战。而英国、加拿大、美国的军队也是如此，有的作战经验丰富，有的也只是初次参战。

有些德国军队有丰富的战斗经验，很多士兵在东西战线上都待过很长的时间，打起仗来十分专业。英国军队也是如此。有趣的是，虽然美军在这次战役中起了关键作用，但是相比而言，他们作战经验很少。我时常在想，是不是因为这个，我父亲在做作战初期部署时，让他们打前锋，攻打

◎ 1942年，英国丘吉尔坦克在接受测试。虽然这一型号的坦克在迪耶普战役中表现十分糟糕，但是在诺曼底登陆时，它们成了第79装甲师的作战利器

德军防线，而不是让他们和德军对峙。

保密战

很显然，这样大规模的军队集结会牵扯到大量的保密工作。幸好，盟军当时已经取代德军，取得了制空权。德国空军忙着在自己国家的上空抗击盟军，做最后的垂死挣扎，而他们很少派出侦察机，即便有，也离英国很远，因为这时开侦察机对德国空军士兵来说十分危险，很有可能会被盟军击落。

因此，德军对盟军的情报知之甚少，不知道盟军到底利用哪些港口登陆，也不知道盟军集结了多少军队来对付他们。霸王行动之所以能大获成功，与盟军出色的保密工作分不开。当然，德国人不可能什么风声也听不到。如此大规

◎ 英国伞兵登上飞机，准备行动。从他们紧张的表情可以看出他们的心情很复杂

◎ 丘吉尔于1944年6月12日，即盟军第一次成功登陆后的第六天，到达诺曼底

模的作战行动不可能不引起他们的警觉。

英吉利海峡遇险

盟军作战参谋部认为，德军就是在盟军登陆前 48 小时知晓确切的登陆地点，那盟军成功的概率也会小之又小。

4 月 27 日深夜至 28 日凌晨，美国 T4 护卫舰在进行作战训练时，遭到德国 7 艘快速鱼雷艇的袭击。这些鱼雷艇从瑟堡偷偷潜出。美方一艘登陆舰被击沉，另一艘遭到严重损毁，639 名美军士兵牺牲。这次遭袭，让盟军上下十分惊恐。让“霸王行动”策划者们更头痛的是，舰队上十名知道此项计划的军官都失踪了，不能排除他们被德军俘虏的可能。直到最后找到了十具尸体，并确认是这些失踪的军官，盟军的策划者们才松了一口气。随着登陆日的临近，盟军总指挥部命令士兵都待在营区里，以尽力减少消息泄露的可能。不过，还是发生了一两起让指挥部恐慌的事件。一名美国将军在鸡尾酒会上，随意地对其他军官说“应该会在 6 月 15 日前开始行动”，他因此被免职了。英国一位陆军上校也因为跟朋友说，要带兵“去诺曼底”而被撤职。普通士兵都被限制在军营及周边活动，很多军营都被铁丝网拦着，有全副武装的警卫看守。一名老兵回忆起当时严格的保密措施，说道：

> 我们知道自己要去法国的某个地方，因为在登陆日之前，他们发给我们这些在军营里的士兵的军饷都是法郎，而且我们天天被关在南部海岸边的军营里，不准我们出去跟别人说要去哪。他们给了我们一些纸钞，是特殊补贴。营地里大部分年轻人都无事可干，就只好打牌，最后很多人都把钱输光了。

参加诺曼底战役的盟军部队

总司令
德怀特·艾森豪威尔将军

副司令
空军元帅阿瑟·特德爵士

参谋长
陆军上将沃尔特·比德尔·史密斯

第21集团军司令
陆军元帅伯纳德·蒙哥马利爵士

美国第1集团军司令
奥马尔·布拉德利中将

空军远征军司令
空军元帅特拉福德·利-马洛里爵士

远征军最高司令部

总司令 德怀特·艾森豪威尔将军

副司令 空军元帅阿瑟·特德爵士

参谋长 陆军上将沃尔特·比德尔·史密斯

第21集团军*

陆军元帅伯纳德·蒙哥马利爵士

英国第2集团军*

陆军中将米尔斯·登普西爵士

- 第I军*(直到1944年7月23日)。由陆军中将JT.克罗克指挥
- 第VIII军+(从1944年7月16日起)。由陆军中将理查德·奥康纳爵士指挥
- 第XII军+(从1944年6月30日起)。由陆军中将NM.里奇指挥
- 第XXX军*由陆军中将BC.巴克纳尔(BC 指挥(直到1944年8月3日),之后由陆军中将霍罗克斯接任

装甲师

- 第7装甲师+
- 警卫装甲师+
- 第11装甲师
- 第79装甲师*

步兵师

- 第3师*
- 第6空降师*
- 第15(苏格兰)师+
- 第43(威塞克斯)师+
- 第49(西区)师*
- 第50(诺森伯兰)师*
- 第51(高地)师*
- 第53(威尔士)师+
- 第59(斯塔福德)师+

独立装甲旅

- 第4装甲旅*
- 第6(警卫)坦克旅+
- 第8装甲旅*
- 第27装甲旅*

- 第 33 装甲旅 +
- 第 31 坦克旅 +
- 第 34 坦克旅 +

独立突击旅

- 第 1 特种旅 *
- 第 4 特种旅 *

加拿大第 1 集团军 +

（从 1944 年 7 月 23 日起）由陆军中将 HGC. 克勒拉指挥

加拿大第 2 军 +

（从英国第 2 集团军 1944 年 7 月 23 日起）。由陆军中将 GS. 西蒙兹指挥 +

独立装甲旅

- 加拿大第 2 装甲旅 *

装甲师

- 加拿大第 4 装甲师 +
- 波兰第 1 装甲师 +

步兵师

- 加拿大第 2 师 +
- 加拿大第 3 师 *

美国第 12 集团军群 +

（从 1944 年 8 月 1 日起）由陆军中将奥马尔 · 布拉德利指挥

美国第 1 军集团 *

由陆军中将奥马尔 · 布拉德利指挥（直到 1944 年 8 月 1 日），之后由陆军中将考特尼 · 霍奇斯接任

美国第 3 集团军 +

（从 8 月 2 日起）由陆军中将小乔治 · 巴顿指挥

- 第 V 军 * 由少将莱昂纳多 · 杰罗指挥，起初隶属于第 21 集团军
- 第 VII 军 *（从 1944 年 6 月 15 日起）由少将特洛伊 · 米德尔顿指挥
- 第 XII 军 +（从 1944 年 7 月 29 日起）由少将吉尔伯特 · 库克指挥
- 第 XV 军 +（从 1944 年 8 月 2 日起）由少将韦德 · 海斯

利普指挥

- 第 XIX 军 +（1944 年 6 月 12 日起）由少将查尔斯·科利特指挥
- 第 XX 军 +（从 1944 年 8 月 2 日起）由少将沃尔顿·沃克指挥

步兵师

- 第 1 师 *
- 第 2 师 +
- 第 4 师 *
- 第 5 师 +
- 第 8 师 +
- 第 9 师 *
- 第 28 师 +
- 第 29 师 *
- 第 35 师 +
- 第 79 师 *
- 第 80 师 +
- 第 82 空降师 *
- 第 83 师 +
- 第 90 师 *
- 第 101 空降师 *

装甲师

- 第 2 装甲师 *
- 第 3 装甲师 +
- 第 4 装甲师 +
- 第 5 装甲师 +
- 第 6 装甲师 +
- 第 7 装甲师 +
- 第 2 装甲师 +

盟军远征军空军

空军元帅特拉福德·利－马洛里

英国皇家空军第 2 战术军 *

空军中将亚瑟·肯宁汉爵士

- 第 73 战斗机中队
- 第 20 中型轰炸机中队
- 第 7 混编中队

总共有飞机约 1220 架

美国陆军第 9 航空队 *

由中将列易斯·布里尔顿指挥（直到 1944 年 8 月 7 日），之后由少将乔伊特·范登堡接任

- 第 44 中型轰炸机中队
- 第 65 战斗机中队

• 第56运输战队
总共有飞机约2000架

英国皇家空军轰炸机指挥部*
空军元帅亚瑟·哈里斯爵士
• 第73重型轰炸机中队
• 第15轻型轰炸机中队
总共有飞机约1400架

美国陆军第8航空队*
中将詹姆士·杜立特
• 第160重型轰炸机中队
• 第45战斗机中队
总共有飞机约2400架

注：以上部队并未全数参与1944年6月6日登陆日的第一波战斗。很多部队在登陆日之后才陆续加入此次战役，诺曼底战役于1944年8月盟军收复法莱斯宣告结束。

**表示该部队作为第21集团军隶属部队，于1944年6月6日登陆诺曼底。*

+表示该部队是增援部队，或在6月6日之后才组建。

坚毅行动

散布虚假情报也是“霸王行动”成功的重要因素。为此盟军采取了代号为“坚毅”的行动，他们精心设计了一个谎言，让德军相信盟军将在加来地区登陆。当时德国侦察机偶尔还会飞过英国上空，企图刺探军情。为了蒙蔽这些侦察机，盟军特地制造了假码头、储油箱、输油管、高射炮、坦克等，以误导德军，让他们相信盟军在准备进攻加来地区。此外，他们虚构了美国第1集团军，这一集团军的任务就是通过电台密集地联系，来迷惑德军。这一虚构的军队为此次战役的成功做出了巨大的贡献，让德国人开始相信盟军会在加来地区登陆。在“霸王行动”初期，“坚毅行动”使那些不确定“霸王行动”是不是一次欺敌行动的德军高层更加疑惑。

盟军计划

在1944年的诺曼底战役中，陆军元帅伯纳德·劳·蒙哥马利担任盟军第21集团军群司令，承担盟军地面部队的指挥任务。他为此次战役制订了周密的计划，并于1944年5月15日在伦敦圣保罗学校召开的高级指挥官会议上简述了这一计划。

根据计划，在登陆日，四支盟军集团军将对诺曼底五个海滩进行抢滩作战，要向内陆推进10千米，并夺取巴约和卡昂两个小镇。登陆日之后第十天，盟军要占领从圣洛到波卡基村沿线的制高点。当英军与德军在卡昂南部作战时，巴顿的第3军则向南对德军形成包围之势。登陆日之后的第90天，盟军要控制巴黎，在塞纳河边驻扎。

蒙哥马利在圣保罗学校召开的会议上陈述他的作战计划时，国王乔治六世、首相温斯顿·丘吉尔、盟军西线最高总指挥艾森豪威尔将军出席会议并听取了他的报告。多年后，美国将军奥马尔·布拉德利在回忆这次会议时，对英国军队无私精神的印象十分深刻。他说：

> 英国和加拿大军队的任务，是将德军后备部队引诱至盟军抢滩作战战线的最东端，即卡昂地区。与此同时，我们要在通往巴黎的迂回的长路上打出突破口。从民族自豪感方面来说，英军为这项欺敌行动做了很大的牺牲，因为当我们美军在战场外围行动，突破敌军的防线时，英军则是为我们在吸引、牵制住大量的德军。当然，从战略上说，这样的部署是有道理的，因为一旦德军接到被袭击的消息，就会向卡昂地区增援。

◎ 港口运营总部人员在诺曼底登陆，他们马上就要面对后勤供给工作中最为头痛的事：怎么给这么多人员提供必需品

◎ 1944年6月14日，戴高乐将军在法国沦陷四年后第一次踏上法国的土地

英国和加拿大军队从两侧对加来发起持续进攻，给德军在诺曼底的防线带来了极大的压力，德国人一直认为这个地方最危险。然而事实上，在德国人调遣军队对付加来的英国和加拿大军队时，美国人却从西边打开了缺口。

蒙哥马利把自己的部队部署在加来地区的时候，他就知道英军会面对大批德国装甲部队。虽然德军已开始装配新型坦克，但是大部分装甲师用的还是老式坦克。

精心谋划

在世界战争史上，很少有战役能像诺曼底登陆这样，事先经过精心谋划，做了大量的工作以避免失败。英美联军在进攻希特勒的欧洲堡垒时，无论是从人力上还是弹药、船只、坦克、飞机等物资上，都已经占有了压倒性的优势。

◎ 图中为负责指挥第十二集团军的奥马尔·布拉德利中将（中），考特尼·H·霍奇斯中将（左）和乔治·S·巴顿中将（右）

1944 年 6 月 6 日的诺曼底抢滩登陆，就是两支强大的军队与另一支军队在诺曼底地区的厮杀之战。这一天，盟军投入了三个空降师和五个两栖步兵师，总共 16 万兵力，而德军各参战部队实力虽然参差不齐，但是仍有很强的作战实力。

登陆日，两栖步兵师从英国出发，这实际上应该算是英国海军的一项行动。因为参与登陆作战的船只，无论是驶向美军登陆区还是英军登陆区，其中百分之八十来自英国皇家海军或其自治区的舰队。而真正来自美国海军的船只只占六分之一。

1945 年，第一海军大臣亚历山大在谈到组建运输舰队时说：

抢滩登陆需要的海军力量包括四部分：为所有船只和舰艇扫清障碍的扫雷舰；运载士兵、枪支、坦克等战斗武器的各种登陆艇和船只；轰炸舰，负责配合空军摧毁敌军阻止盟军登陆的军事力量，掩护己方部队，让他们在部署使用武器之前找到最佳的攻击位置；还有护卫和反潜力量。

我们需要大量的扫雷舰、轰炸舰、护航舰，而且这些舰队已经有了。

然而当时我们却没有登陆舰或登陆艇，所以我们必须利用自己以及盟国的资源，来开发建造这类舰只。联合国军队被驱逐出欧洲大陆后，我们就开始研发建造这类舰艇，这比大家接受建立“第二战线”这个思想要早得多。

我们在建造大家熟悉的舰艇时，也在设计开发这种具有新功能的大小不一、形状怪异的舰艇。这些舰艇可以运载坦克和步兵，能提供近距离火力掩护，运载枪炮、人员和物资，能制造烟雾，甚至有厨房以及帮助士兵攀上悬崖的太平梯。总共有 60 种型号 4066 艘舰艇参加了此次战役。

在发动攻击之前，盟军还必须投入几百万英镑修筑海岸工事。

◎ 中将米尔斯·登普西爵士和理查德·纽金特·奥康纳中将（左）

第五章　德国军队

大西洋那边的德国人知道盟军将要进攻欧洲大陆。毫无疑问，只有在法国开辟第二战场，盟军才能取得战争的胜利。尽管德军在意大利也遇到重重困难，但是他们顽强地抵挡住了盟军前进的步伐，盟军要想继续前进就必须付出巨大的代价，但收效可能不大。他们还在所谓的“大西洋壁垒”的修筑上取得了相当大的进步，大西洋壁垒旨在保护北极至西班牙沿岸地区。德国人于1942年开始正式修建大西洋壁垒，修筑该壁垒的劳工由臭名昭著的托特组织提供。1944年初，这项工程取得了相当大的进展。虽然这项工程最后也没有完工，但是德军在欧洲大西洋沿岸建满了钢筋混凝土浇筑的炮台和掩体。不过它自然不是一堵连续的壁垒。德国人在他们认为盟军最有可能登陆袭击的海滩上，埋置了地雷、设置了障碍，而从荷兰与德国的边境到法国卢瓦尔河一带，是德军防御的重点。负责这部分防御的是德国B集团军，1944年1月起由陆军元帅埃尔温·隆美尔指挥。在德国人看来，他们要想获得诺曼底战役的成功，需要克服的不利条件不仅仅是盟军掌握了制空权，最主要的还有德军指挥层上下对未来感到困惑，没有组织纪律性。作为最高元首的阿道夫·希特勒，经常插手军队事务，想全面掌控军队。他还保留独享最有用的信息。

当时在法国的德军形式十分复杂。冯·伦德斯泰特是名义上的总司令，指挥负责法国北部和比利时防务的 B 集团军和负责法国南部防务的 G 集团军。而 B 集团军指挥隆美尔深受希特勒青睐，所以作为他的上级，冯 · 伦德斯泰特实际上否决不了他的决定。更复杂的是，隆美尔控制的三个装甲师又组成叫作西线装甲集团军的独立编队。这是一支强大的后备队，只听从希特勒的命令。希特勒采用这种分裂德军内部的政策，主要是因为他不信任军队的指挥官，有很多事例都可以看出希特勒是故意采取这种“分而治之”的策略的。

◎ 自行炮是一种十分有效的反坦克装甲车，它于1942年开始服役。在战场上，它的75毫米长管反坦克炮在对付苏联T-34坦克时，显示了巨大威力。它在对付盟军谢尔曼坦克上，效果同样惊人

参加诺曼底战役的德国军队

总司令：
阿道夫·希特勒

参谋长：
威廉·凯特尔元帅

作战部参谋长：
阿尔弗莱德·约德尔大将

陆军元帅：
格特·冯·伦德斯泰特

陆军元帅：
京特·冯·克卢格

空军总司令：
赫尔曼·戈林元帅

国防军最高统帅部

总司令：阿道夫·希特勒

参谋长：威廉·凯特尔元帅

作战部参谋长：阿尔弗莱德·约德尔大将

西线最高指挥官 *

由格特·冯·伦德斯泰特元帅担任（直至1944年7月2日），之后由京特·冯·克卢格元帅接任（至1944年8月18日），之后由瓦尔特·莫德尔元帅接任

B集团军 *

由埃尔温·隆美尔元帅指挥（至1944年7月17日），之后由京特·冯·克卢格元帅接任（至1944年8月18日），之后由瓦尔特·莫德尔元帅接任

第7集团军 *

由弗雷德里希·多尔曼大将指挥（至1944年6月28日），之后由党卫军全国总指挥保罗·豪塞尔接任（至1944年8月20日），由装甲兵上将海因里希·艾伯巴赫接任（至1944年8月30日）

西线装甲集团军（至1944年8月5日）+

第五装甲集团军+

由装甲兵上将莱奥·盖尔·冯·施韦彭堡指挥（至1944年7月6日），之后由装甲兵上将海因里希·艾伯巴赫接任（至1944年8月9日），之后由党卫军最高集团领袖约瑟夫·赛普·迪特里希担任

• 第I党卫军装甲兵团+

由党卫军最高集团领袖约瑟夫·赛普·迪特里希指挥（1944年8月9日），之后由党卫军最高集团领袖赫尔曼·普里斯担任

• 第II党卫军装甲兵团+

由最高集团领袖保罗·豪塞尔指挥（1944年7月28日），之后由最高集团领袖威廉·比特里

希担任

• 第 XLVII 装甲兵团 *

由装甲兵上将汉斯·冯·丰克指挥

• 第 LVIII 装甲兵团 +

由装甲兵上将瓦尔特·克吕格尔

• 第 II 伞兵团 +

由伞兵上将尤尔根·门德尔指挥

• 第 XXV 兵团 +

由炮兵上将威廉·法希巴赫指挥

• 第 LXXIV 兵团 +

由步兵上将埃里希·斯特劳布指挥

• 第 LXXX1 兵团 +

由装甲兵上将阿道夫·孔岑指挥

• 第 LXXXIV 兵团 +

由炮兵上将埃里希·马尔克斯指挥（至 1944 年 6 月 12 日），之后由炮兵上将威廉·法希巴赫接任（至 1944 年 6 月 18 日），之后由迪特里希·冯·肖尔蒂茨中将接任（至 1944 年 7 月 28 日），之后由奥托·埃尔菲特中将接任

• 第 LXXXIV 兵团 +

由步兵上将汉斯·冯·奥布斯特菲尔德指挥

装甲师

• 第 2 装甲师 +

• 第 9 装甲师 +

• 第 21 装甲师 *

• 第 116 装甲师 +

• 装甲教导师 +

武装党卫队师

• 党卫军第 1“阿道夫·希特勒卫队”装甲师 +

• 党卫军第 2“帝国”装甲师 +

• 党卫军第 9“霍亨施道芬”装甲师 +

• 党卫军第 10“福隆德斯伯格”装甲师 +

• 党卫军第 12“希特勒青年团”装甲师 +

• 党卫军第 17“古兹·冯·伯利辛根”装甲掷弹兵师 +

重型装甲独立营

- 党卫军第 101 SS 重型坦克营＋
- 党卫军第 102 SS 重型坦克营＋
- 第 10 重型坦克营（之后重编成第 501—503 重型坦克营）＋

重型反坦克独立营

- 第 654 重型反坦克营＋
- 第 668 重型反坦克营＋
- 第 709 反坦克营＋

步兵师

- 第 77 师＋
- 第 84 师＋
- 第 85 师＋
- 第 89 师＋
- 第 243 非机械化师＋
- 第 265 非机械化师＋
- 第 266 非机械化师＋
- 第 271 师＋
- 第 272 师＋
- 第 275 师＋
- 第 276 师＋
- 第 277 师＋
- 第 326 非机械化师＋
- 第 331 师＋
- 第 343 非机械化师＋
- 第 344 非机械化师＋
- 第 346 非机械化师＋
- 第 352 师 *
- 第 353 师＋
- 第 363 师＋
- 第 709 非机械化师 *
- 第 711 非机械化师 *
- 第 716 非机械化师 *

独立炮兵旅

- 第 7 火箭炮旅＋
- 第 8 火箭炮旅＋
- 第 9 火箭炮旅＋

空军师

- 第 2 伞兵师＋
- 第 3 伞兵师＋
- 第 5 伞兵师＋
- 第 16 空军野战师＋
- 第 91 空降师 *

空军最高司令部

总司令：赫尔曼·戈林元帅

第3航空舰队＊

由雨果·斯佩里元帅指挥

	飞机编制
昼间战斗机	315
夜间战斗机	90
轰炸机	402
运输机	64

（注：德国空军的实际力量比这要低40%。）

·第Ⅲ高射炮兵团＊

·约有460门不同口径的大炮

以上部队并未全数参与1944年6月6日的登陆日作战。许多部队在之后才加入此次战役。诺曼底战役于1944年8月德军丢失法莱斯宣告结束。不少单位在整编中调整到了不同的兵团和集团军。

＊参加6月6日作战的部队。

＋6月6日后参战或组建的部队。

希特勒的手段

阿道夫·希特勒相信奋斗，他相信通过自然的奋斗过程，能选拔出最勇猛的人，他就是通过这种方法组建纳粹党的。德军指挥层的组织结构其实不是一种促进内部合作的结构，而是由一系列竞争机制组成的结构，这意味着指挥层内部要互相竞争。从某种意义上说，这种内部竞争也帮助了盟军在诺曼底打败他们。这种组织结构十分可笑。如前所述，在西线的德军负责法国、比利时、荷兰的防务，他们的司令部设在法国，总司令是69岁的元帅格特·冯·伦德斯泰特。从名义上说，他掌管负责防守诺曼底的B集团军，而

B 集团军司令为埃尔温 · 隆美尔元帅。与此同时，隆美尔实际上是冯 · 伦德斯泰特的上级，因为希特勒委任隆美尔全权负责西欧的防务。隆美尔是希特勒的亲信，能直接联系希特勒。而伦德斯泰特却没有这种权力。他的请示或报告要走很多道程序才能到达元首手中。

后来，蒙哥马利元帅的儿子回忆到德军内部组织的混乱给他父亲率领的军队带来的益处时说：

我认为德国指挥层上下，包括希特勒自己，都十分混乱。他甚至对一些极小的事情，都坚持要亲自决策。这很显然影响了德国高层指挥官的工作效率。我父亲对德军高层指挥以及整个德国军队都十分尊重。他在两次世界大战中都跟他们交过手，和他们在沙漠里打过战，对德军极高的效率、严明的纪律、能熟练使用武器十分敬佩。所以，他对德军做过仔细的研究，了解他们，知道自己面对的是怎样的一支军队。在我看来，他们这

◎ 霸王行动第一天，一名英国伞兵好奇地看着受伤的德国战俘从他身前走过。很快，看见德国战俘就成了司空见惯的事

么复杂的指挥体系对我们有利，因为希特勒是一个自大狂，他总想把自己的意志强加给军队的指挥，迫使他们违背自己的正确判断行事。

让两名元帅互相竞争，争夺对军队的控制权，就是希特勒有意安排的。而他们对西部装甲军团，即德国装甲后备役部队的控制权之争，达到了白热化的程度。隆美尔认为打败盟军，不让盟军进攻欧洲大陆的唯一办法就是在盟军登陆的海滩上阻击他们，把他们赶到海里去。隆美尔引用了其参谋长的话说，登陆日将是“最长的一天”。他的意思是，如果盟军在登陆日抢滩成功，那么以他们的兵力，肯定可以获得诺曼底战役的胜利，德军对此毫无办法。所以，

◎ 一名年轻的德国国防军士兵。从这幅令人痛心的照片上可以看出许多德国士兵有多小。这名少年可能还不到16岁

隆美尔希望将装甲后备役部队部署在海滩附近，以便做出快速反攻。

冯·伦德斯泰特却不赞同隆美尔的战术。他的想法和蒙哥马利预想的差不多。他认为最佳的战略是让德军慢慢向内陆后撤。因此冯·伦德斯泰特想将该部队部署在后面，等他正确地评估形势之后再采取恰当的措施。

两人根本没办法取得一致意见，因此德军就制订了一个不伦不类的作战计划。将一些装甲师布置在滩头附近，其他则部署在内陆地区。但不管怎样，如果不经过希特勒本人同意，这些部队都不能行动。这就导致登陆日那天出现了一种奇怪的情况，冯·伦德斯泰特迫切需要调遣他的装甲部队，但是却被告知希特勒在睡觉，不能打扰他。冯·伦德斯泰特的参谋最后建议他自己打电话，把希特勒叫醒，这样可能会获得元首的同意。而冯·伦德斯泰特，这位69岁的普鲁士贵族不可能放下身段，亲自打电话给阿道夫·希特勒这个波西米亚下士，所以他即使知道最后带来的严重后果，也拒绝了参谋的提议。

◎ 德军在诺曼底使用的一些自行火炮由缴获的法国车辆的底盘制成

◎ 诺曼底战役结束后，盟军镜头下年轻的德国士兵。这群人足以反映当时许多德军兵的年纪有多么小

德军指挥层内部的斗争只是他们在登陆日面临的一系列问题的开始。除了冯·伦德斯泰特和隆美尔争夺装甲后备役部队的领导权外，德国空军和陆军的指挥也不统一，都在抢夺两用高射炮和主要用于反坦克防卫的 88 口径高射炮的使用权。空军指挥官经常拒绝听从陆军军官的命令，理由是他们的兵种不同。

而且，空军有自己的野战师和伞降师。但是到了这个决定战争胜负的关键阶段，他们实际上都必须参战，但是严格说来，他们不受陆军指挥。

◎ 许多参加诺曼底战役的德国部队在其他前线打过仗，有丰富的经验。这些头戴装有伪装网头盔的掷弹兵个个显得十分自信

德国海军也是如此，他们与陆军之间没有正式的协调合作。海因里希指挥的纳粹党卫军当时拥有 10 个装甲师和 20 个步兵师，有独立的指挥体系。与其他德国部队之间的协调性很差。即使在国防军内部，在陆军部队之间，也存在沟通问题。第 15 集团军的驻地就在诺曼底登陆地点的北边，它有一名十分

优秀的情报员，已经破译了盟军有关登陆日的部分密码，知道盟军会在凌晨发动攻击。但是因为第 15 集团军与第 7 集团军之间沟通不良，第 7 集团军事先没收到任何预警信息。德军内部如此混乱，即使不需要像盟军这样的优秀部队来攻打，他们也注定会失败。

德国军队

有名作家曾评论说，德军的指挥体系分散而又混乱，事实确实如此。1944 年在诺曼底，乃至在整个西欧的德军指挥体系都很混乱，简直可以说是一团糟，其中大部分原因是希特勒想让德国的各个组织，包括军队，进行内部的竞争，以淘汰弱者。我们之前提过，德国陆军、党卫军、海军、空军等部队的指

◎ 德国自行火炮的内部情况。弹药补给十分重要，德军必须十分注意弹药的保存

挥机制都不一样，有的甚至还互相矛盾。因此，一旦盟军在诺曼底登陆，德军就组织不起有效的反攻。反之，如果德军的指挥体系十分明了，部队间沟通顺畅，情况也许会完全不同。

德国军队指南

摘录10

步兵坦克的协作

……若敌军在阵地上有良好的天然或人造反坦克障碍物，德国步兵会在坦克部队行动前发动攻击，为其清扫障碍。步兵的目的是渗透入敌军阵地，在后方坦克和自行武器的火力掩护下，摧毁敌军反坦克武器。

只有在步兵摧毁敌军反坦克障碍后，德军才会在战场上充分利用坦克的攻击力。

在摧毁了敌军阵地的反坦克障碍物后，如果德军估计在敌军主防御阵地没有其他反坦克障碍物，那么步兵就会和坦克部队齐头并进，依照一般战斗模式向敌军发起攻击。重武器步兵部队时刻保持警惕，准备向新发现的反坦克阵地开火。德军尤其注意将侧翼部队部署成梯形编队，并且在侧翼安排重型武器，以保护开阔的侧翼地区。

在大多数情况下，步兵紧紧跟随坦克部队，因为坦克火力猛烈，敌军无法组织起有效抵抗，所以能快速向前推进。德国人经常用坦克或运兵车将步兵运送到前线，这样既能保护士兵安全，又能提高行军速度。士兵在最后时刻才离开运输车辆，然后携带轻型自动武器投入战斗。

坦克前进的时候总是快速地从一个隐蔽处驶往另一个隐蔽处，为步行的装甲掷弹兵侦察地形，为他们提供火力掩护。坦克不会放慢速度，来等待步兵和他们齐头并进，而是单独前进，伪装等待，直到步兵赶上它们。在有些不利于伪装的地带，坦克则会尽力全速通过。

小型编队的步兵在自带重型武器以及坦克火力的掩护下全速前进。他们会远离单独的坦克，因为这样的坦克会引来敌军最大的火力。

若坦克连和步兵协同作战，通常前线有两个排，后面有一个排，最后一个排做后援。坦克间的间距为100码—120码。坦克上机关枪的作战距离为1000码，而大炮的作战距离为2000码—2500码。

坦克部队与乘坐半履带装甲车的装甲掷弹兵协同作战时，选用的战术与纯装甲编队采用的战术类似，因为半履带装甲车不仅仅是运兵车也是战斗车辆。若地形适合进行坦克战，在装甲车中的掷弹兵会在坦克部队攻击敌军阵地后，立即发起第二波进攻。这时他们会采用纵向队型进攻。进入敌军阵地后，装甲掷弹兵的任务是占领第一波攻击中未被攻占的敌军阵地……

虎式坦克

第二次世界大战中出现的最有名的坦克当数虎式坦克。它的出现标志着世界军事史上坦克设计有了巨大的突破。为了满足对重型坦克的需求，德军于1942年生产了第一辆虎式坦克，并在1942年8月的列宁格勒战役中投入使用。和在苏联一样，在诺曼底，虎式坦克的数量也远远不够作战之需，因此改变不了战争的结果。

隆美尔麾下的许多部队战斗力极强，当然他最好的师，尤其是装甲师，的确十分精良。因为物资交通通畅，所以盟军战斗部队的后勤补给十分及时，而德军虽然有少数物资供给充分的部队，但是许多部队兵力不足，装备落后，往来交通也不通畅，没有什么战斗力。至于被称为德国作战“超人”的隆美尔的B集团军，其中有十分之一的士兵不是真正的德国人，而在登陆日，前线上在碉堡阵地作战的士兵中，甚至有四分之一不是德国人。这些人都是来自德国所占领国家的志愿者，或者是战俘，尤其是苏联的亚洲加盟共和国的战俘。德国人故意让这些人上前线做炮灰。

6月8日，我父亲给陆军军部的一位朋友写了封信，信中详细叙述了这样一件奇怪的事：在诺曼底战役的前两天，盟军抓获了一批战俘，他们竟然来自不同的国家。有的来自苏联的亚洲加盟国，还有的是波兰人、拉脱维亚人等等。有两个甚至是日本人。盟军猜测这两个是日本观察员，在

◎ 诺曼底抢滩登陆之后，被俘的年轻德国党卫军士兵。从官方数据看，希特勒武装党卫青年团的平均年龄是18岁，但实际上里面有很多士兵未满18岁

战争中也被俘虏了。不过后来发现，这两个人说的根本不是日语或其他大家知道的语言。他们不得不找来一位语言学家，这位语言学家发现这两个人竟然是来自中国西藏的牧羊人。这两个人说，自己在青藏高原被苏联军队俘虏，被迫穿上苏军制服，离开了西藏。然后他们又被穿着灰色制服的人——德国人——俘虏了，又带到了另外一个地方，“那也不是西藏”。蒙哥马利回忆说，他们记得那里的河十分宽广。他们很高兴被英军俘虏，他们对英军的评价基本上比较高。他们最后的请求是“请让我们回家吧”。

希特勒青年团

党卫军第12装甲师，即希特勒青年团，于1943年组建，主要由训练营中年满17岁的新兵组成。希特勒上台的时候，这些男孩才7岁，所以他们只了解纳粹统治下的生活。

青年团是纳粹和党卫军思想的生动体现，是这种思想的延续，是纳粹德国的未来，是德国青年誓死效忠元首的标志。毫无疑问，德国高层在1943年末至1944年初的时候就已经知道大势已去，他们必败无疑。但是他们却还利用这些十七八岁的青年，把他们派到诺曼底与盟军作战，让他们去送死，这真是一种“荒诞的野蛮行为”。

希特勒青年团在诺曼底战役中实际上是一个独特的战斗序列。这支由平均年龄只有18岁的纳粹狂热分子组成的部队，想要在战斗中证明自己是最强大的战斗编队。他们按满编党卫装甲师的标准装配了精良的武器，青年团的士兵在思想上忠于希特勒，而且训练有素。此外他们完全听从指挥。希特勒青年团大部分军官以及士官都来自党卫军第1装甲师，他们到1944年的时候参加了多次战役，有十分丰富的作战经验。因此，在诺曼底，他们成了一块难啃的骨头。加拿大军队和他们打了几次恶仗。

◎ 希特勒青年团士兵1944年初在柏林参加阅兵

维拉·达克沃斯在诺曼底战役中是医疗队的护士，回忆这些年轻人的悲惨遭遇时，他说：

诺曼底战役真的很惨烈，所有送来的年轻人都受了重伤，我们只能替他们把伤口包扎起来，送回英格兰治疗。那些年轻的德国战俘很可怜，有的大概只有 16 岁，脚上的肉都坏死了，需要截肢。这对他们太不公平了，他们这么年轻，就受了这么重的伤。

黑豹中型坦克

这大概就是二战中最有名、最精良的德国坦克了。从 1944 年 3 月至 1945 年 4 月间，德国总共只生产了 3740 辆黑豹坦克，而在此期间，盟军生产了 20000 辆谢尔曼坦克，苏联生产了 22000 辆 T–34s 式坦克。

在战斗中，希特勒青年团和其他德国部队的表现有很大区别，有时甚至让盟军大为震惊。他们意志坚定、作风勇猛，都在拼着性命跟盟军作战。有些青年团士兵，甚至跑向盟军坦克，一边用身体贴着坦克，一边用手举着炸药，把坦克给炸毁。因此，他们的伤亡也很大。在诺曼底，这支部队几乎被盟军全部歼灭，后来不得不重组。它的指挥官也在战斗中丧生，而继任者库尔特·迈耶也受了重伤。

因为从来没有人告诉这些士兵他们会失败或者可以投降，所以他们根本不知道对待战俘的习惯做法是什么。这些士兵一般不清楚长官的名字、军衔，部队的人数。而作为战俘的他们，常常会要一张地图，详细叙述战争过程，解释每个人要做什么，这些信息对盟军情报人员来说十分有用。

当欧洲的战争结束的时候，在一个战俘营里，希特勒青年团的指挥郑重地提出为盟军组建一支党卫队师团，要开赴远东，和日本人作战，让日本人知道战争结束了。

◎ 希特勒青年团士兵在诺曼底战役之后被俘。虽然青年团在战斗中十分勇猛，但是并不能逃脱失败的命运

德国装甲

我们得承认，在诺曼底战役中，德军最优秀的部队要远远好于盟军最优秀的队伍，但是我们也不能忘记他们其他的队伍则是不合格的。德军真正占有的一个优势是他们的坦克质量上乘。

德军士兵在东线与苏军作战时经历了战火的磨炼，积累了丰富的经验，而且他们的坦克比盟军的坦克要好得多。尤其是虎式坦克、黑豹坦克以及新型虎王坦克，它们的射程比盟军的坦克射程要远得多。德军坦克优越的装甲让他们在战场上占有明显的优势。盟军坦克兵曾不止一次说，他们眼睁睁地看着自己发射的炮弹从德军坦克的装甲上弹开，根本伤不着坦克。坦克质量上的差距对诺曼底战役产生了很大的影响。

蒙哥马利将军的儿子十分了解盟军战士在对付德国装甲时处于不利的位置。他说：

在整个战争过程中，我们的装备总是处于劣势。尽管如此，我们还能取得战争的胜利，这体现了盟军指挥官的指挥本领，以及英国军人极高的素质。

但是1945年，有少数人对此提出了异议。政治家通常不会像军人那么坦率，但是詹姆斯·格里格爵士在1945年的一次下议院演讲中，却很直白地阐述了自己对两方坦克兵团实力的看法，这与一般的看法都不一样。很有趣的是，他引用了蒙哥马利的话：

我来讲讲坦克的事。首先是火炮。就拿虎王坦克来说，它装配的是88毫米硬式火炮，炮弹重量为22.51磅，初速为每秒3340英尺，穿透力优于我们常规的17磅火炮。安在普通虎式坦克上的口径为88毫米的标

◎ 波卡基边界附近，一名掷弹兵在紧张地观察周围情况，等待盟军的攻击。他携带的铁拳反坦克火箭筒，能使步兵有效应对坦克攻击

准火炮，以及安在黑豹坦克上75毫米口径的火炮的性能都要差些。但是据我所知，发射最新型号弹药的17磅炮性能优于其遭遇的所有德军火炮。此外，在西线上，对于德军每一辆虎式坦克，我们至少有五辆坦克对付它，而且还会配有一架17磅炮。

再说装甲。的确，虎式坦克的前装甲很厚，黑豹坦克都配有三种强大的攻击性武器。但是我们打的不再是防御战。蒙哥马利将军自己也认为，英国装甲经受住了西欧战役的考验，证明在战场上它比德国装甲好。他认为在12月16日的阿登高地之战中，如果伦德斯泰特的部队装配的是英国装甲，那他们就能在36小时内到达默兹，那就会使盟军处在十分被动的境地。而如果21军团的士兵用的是德国装甲，他们就不能在8月28日穿过塞纳河，不能在9月3日到达布鲁塞尔，于9月4日到达安特卫普，也

◎ 许多英国和美国老兵都回忆说，即使是在1944年，德国军队的很多物资运输都依靠马来拉。就在拍摄前几天，这个战地厨房遭受了盟军轰炸机的空袭

就不能在短短 8 天内包围加来地区，切断其与外界的联系。蒙哥马利将军认为这次行动的成功，对整个战役有着深远的影响。

不过更普遍的看法是，在 1944 年，德国虎式坦克或黑豹坦克在设计上更先进更有效。比如，虎式坦克装有致命的 88 毫米火炮，而黑豹坦克在 1944 年也装了这种火炮，其机械性能相对稳定，对作战有利；而 75 毫米反坦克炮则有角度适宜的装甲相助。但是值得注意的是，大部分参加诺曼底战役的德军坦克不是虎式坦克和黑豹坦克，而是过时的 IV 型坦克，德军在 20 世纪 30 年代晚期就开始装配这种型号的坦克了。

此外，德军在诺曼底战役中投入了大量的突击炮和各种型号的反坦克装甲车。它们的性能参差不齐，有性能优越的猎豹式驱逐战车，也有老旧的黄鼠狼式坦克歼击车。

当然，美国谢尔曼坦克和英国克伦威尔坦克及丘吉尔坦克，它们在性能上比不上德国最优良的坦克。尽管如此，谢尔曼萤火虫坦克一旦装配上 17 磅反坦克火炮，就能对付大部分德国坦克。因为这种萤火虫坦克数量够多，面对性能更加优越的德国坦克，仅仅从数量上就能战胜它们。

运输和后勤

在阵地战时，汽油和弹药消耗量要高于运动战。而自从盟军于 6 月 6 日在诺曼底登陆后，德军的补给越来越困难。

许多盟军士兵看到德军还靠马匹来运送物资，都感到十分震惊，而人们在谈论诺曼底战役时，却很少提到这一点：

记得有一次，我们去一个无人区做侦察。我们沿着一条路往前走，路

◎ 诺曼底前线上十分罕见的虎王坦克。这种坦克外形跟黑豹坦克很像，所以盟军士兵经常误将黑豹坦克认作虎王坦克。在危险的战场上，出现这种误判十分正常。其实只有两个坦克连队的虎王坦克参加了诺曼底战役

上到处都是电话线和电线。我们踩着这些线，沿着这条路走到了一个小村庄，看到不少马的尸体，后面还拖着德国大炮。德军竟然还在用马拉大炮上前线，而这些马被炸死后，德军也没把炮给卸下来。

因为盟军空军炸毁了桥梁，德军的弹药供给成了很大问题。比如，在战斗最关键的时刻，德军的88毫米反坦克火炮没炮弹了，这种情况屡见不鲜。当盟军突破德军的防线，德国人需要集合后备装甲部队展开快速反攻，封住突破口，但是缺少燃料和弹药则让他们陷于险境。德军装甲部队指挥官也碰到过这种梦魇，坦克在战场上耗尽了最后一点油，动不了了。

军队结构

德军的战斗部队远远多于后勤和运输保障部队，这与纳粹国家的意识形态相符。这就给德军在诺曼底以及其他地方作战带来了相当大的问题。到1944年，德军所有受过训练的后备役部队都被派上了战场。

因为盟军掌握了制空权，阻止了德军向诺曼底增派援军。又因为兵力普遍缺乏，所以只要德军听从希特勒的命令，死守阵地，那么在战役中，他们平均每天要失去2000人的战斗力。在被盟军击溃前，德军抵抗了两个月，这种残酷的消耗战也持续了两个月。

德军在诺曼底战役中后勤供给不足也引发了一些争论。德军在诺曼底战役中，绝大多数时间采取的是近距离作战。乍一看，他们所需的燃料应该比在苏联进行的大规模扫荡要少。但是因为阵地战中，战车移动的频率低，主要打的是低速度，这种情况下，油耗要高得多。而阵地战比运动战消耗的弹药也多。此外，在战斗的关键时刻，德军弹药耗尽的情况并不常出现。不过，1944年7月底8月初的时候，盟军即将突破德军的防线，德军坦克和其他车辆因为得不到大量汽油补充，他们在盟军突破的时候，不能组织起有效的反击。

德军在三线作战，对物资的需求很大，这给他们的后勤和补给系统带来了很多其他问题。盟军战斗机和轰炸机不仅仅轰炸德国地面部队，也对德军供给线展开大规模的空中打击。他们毫不留情地轰炸德军的公路和铁路设施，阻止他们把急需的燃料和弹药运到前线去。同时，盟军轰炸机编队经常袭击德国炼油厂，所以燃料本来就十分短缺。在诺曼底，几乎所有的德军都缺少燃料。在很多时候，急需坦克抵挡盟军的进攻，但是因为没有燃料，坦克动弹不了。而盟军还不停地攻击德军燃料运输队，使德军缺乏燃料的状况更加恶化了。

装甲师

在诺曼底的德国地面部队，因为作战经验丰富，多多少少弥补了他们的一些劣势。很多与盟军作战的德国装甲师，他们的核心部队曾经历了四年的残酷战

◎ 虽然战争前景不佳，但是大部分德国军官依然忠于希特勒

◎ 德国空军第3航空舰队拥有64架JU52运输机，专为诺曼底的德军运送物资。在苏联，这些飞机曾用来围攻敌军。在理论上它们可用来缓解德军物资运输困难。但是，实际上，这些笨重的家伙根本不能在被盟军封锁的诺曼底上空飞行

争，久经沙场，战斗经验十分丰富，意志坚定，这对进行诺曼底战役十分有利。

大西洋壁垒

因为整个大西洋防线很长，德国人没有足够的兵力来防御，所以他们重点防守那些最有可能受攻击的地方。不过重点防御的地段很多，而已经分散的德国兵力还在不停地被削弱，因为希特勒时不时地要将防守大西洋壁垒的部队派去支援几近崩溃的东部前线。

因此，很多驻守大西洋壁垒的部队兵力很弱。有些防御部队士兵的身体状况根本不适合当兵。其中最有名的例子就是胃病营，整个营的士兵都有胃病，要给他们提供特殊膳食才行。不过，在这些师团中也有一两支十分强大的队伍，如警卫旗队师和装甲教导师。这两支队伍在后来的诺曼底战役中作战十分勇猛。

西蒙·特鲁博士曾评论说："德国在诺曼底的各支队伍战斗经验差别很大。像党卫军第1装甲师和警卫旗队师这样的队伍久经沙场、经验丰富、装备精良。而像党卫军第12装甲师和希特勒青年团虽然装备精良，但是完全没有经验。其他很多师团则在二者之间。"

在苏联的四年残酷战争消耗了德国部队大部分的战斗力。

在诺曼底战役期间，德军只有20%的部队能在西线作战。剩下的有5%要在意大利，阻止盟军侵入德国，75%则是要阻止苏联在东线取得战略性胜利。

前面已经提到过，盟军在诺曼底战役准备过程中，最成功的一点在于其绝佳的保密工作。直到第一批盟军在诺曼底登陆，德国人才知道他们登陆的具体时间和地点。

盟军因为有高效的情报网，而且法国抵抗运动组织不间断地监视德国部队的动向，及时向伦敦传递详细信息，所以他们能不断获取德军军事部署的确切信息。在空中，盟军则拥有更大的优势。

第六章　盟军强大的兵力

诺曼底战役之所以这么重要，最主要的原因是到1944年6月，德国已消耗了大量资源，他们的资源几近匮乏。希特勒没有真正的战略储备，所以开辟提出已久的“第二战场”，逼迫德军把部队调往诺曼底，就能使德军在三条战线上疲于应付，再给其以致命一击。这也就意味着诺曼底战役的规模虽然没有东线大，但是却是二战中最重要的战役之一。

海军的炮击

盟军在6月6日首次登陆诺曼底时，从海边直至内陆20英里范围内，盟军战舰一直为登陆部队提供火力掩护。这些战舰上的重型火炮对德军形成巨大的火力网，掩护登陆部队前进。

即使是那些在苏联打过仗的德国士兵，在看到盟军海军强大的火力时，也大为震惊。盟军战舰上16英寸火炮发射的重型炮弹，火力威猛。它们形成强大的火力网，轻轻松松就把重达56吨的虎式坦克给掀翻了。在诺曼底战役打响的那些天，盟军9艘战舰、23艘巡洋舰、73艘驱逐舰为登陆部队提供掩护。很多参战的士兵对那些天的轰炸还记忆犹新。老兵斯坦·沃森说：

我在宝剑海滩，离勒阿弗尔很近。我们一开始就对海滩发起了猛烈的炮击，德军被炸得七零八落。那时我很高兴。但是后来我到那里去过两三次，当我走进那里的墓地时，我很震惊。那里长眠着许多年仅18岁的小伙子，我们其实也很有可能躺在那里。那实在是一次十分震撼的经历。我只能说我不想再看到这种场景。

轰炸开始的时候，西里尔·蒂姆斯在盟军战舰上。虽然那次战役已经过去55年了，他依然清楚记得当时的场景：

我们停在勒阿弗尔港口，对诺曼底发起炮击。我们攻击的目标是内陆20英里处叫作卡昂的地方。一架侦察校射飞机在20英里外给我们指引方向。我不知道德国人是怎么想的。我想当我们的炮弹落到他们中间时，他们肯定在四处逃窜。

那天英吉利海峡上到处都是船，有成千上万艘之多。这些船竟然没发生大的碰撞事故，我很惊讶。那天真的有成千上万艘船，天上的飞机则是

◎ 英国皇家空军的兰开斯特轰炸机准备再次袭击被德军占领的欧洲。盟军充分利用其掌握的制空权，不仅用来摧毁德国的工业设施，在登陆日前夕，还开始破坏德军的防御设施，并且阻止德军派遣增援部队

黑压压一片，而这些飞机撞到的情况竟然更少。

盟军所有的船只都有记号，而飞机的两翼也挂了三条彩带。从这些记号上，能轻易分辨出皇家空军、舰船以及其他飞机。我从来没见过这么多船。我想肯定会发生很多起事故，因为稍不注意就可能会撞到什么东西。

我们遭到了德军的几次攻击，但是在登陆日没有撞到东西。不过在回来补充燃料和武器的时候，我们在怀特岛附近撞到了水雷。船上一片混乱，被撞的地方炸开了一个大洞。

盟军如此大规模的集结军事力量开赴诺曼底，来攻打在很多方面都已濒临失败的德军，结果可想而知。在海上，德国海军根本阻挡不住盟军的舰队。登陆日，德军派出45艘U型潜艇袭击盟军舰队，但是30艘被击沉，而盟军只有很少的损失。

◎ 空降兵登上滑翔机。英国伞兵在卡昂北边降落，这里德军的抵抗力量比较弱，容易对付。美国伞兵在卡瑞登附近降落，他们遇到了顽强的抵抗，伤亡巨大

在登陆日前，盟军就已经掌控了英吉利海峡，如果不是这样，就不可能有后来的登陆作战。从德国海军在登陆日那天的反应就可以看出，他们根本组织不起有效的抵抗。那天天气状况很糟糕，在西边瑟堡和东边勒阿弗尔的两支轻艇舰队不能出海。当然糟糕的天气也影响了盟军的登陆。勒阿弗尔港有少量被德国人称为施耐尔船的轻型鱼雷艇确实出了海，但是英国驱逐舰轻轻松松就把它们打跑了。

实际上，在登陆日，盟军几乎没受到德国海军的阻挡。6月间，随着战争的继续，德国海军也组织了一些潜艇和轻型鱼雷艇抵抗从海峡那边来的盟军，但是没给盟军带来太大的威胁。

盟军的空中优势

盟军掌握了诺曼底战役的绝对制空权。前面已经提到过，从1944年4月起，盟军空军就开始轰炸法国的铁路调车场、铁路桥等目标，强迫德国人派战斗机来防卫这些目标，然后盟军开始打击他们的战斗机，以摧毁德国的空军力量。

登陆日那天，5000架盟军战斗机浩浩荡荡飞向诺曼底，一举消灭了抵挡他们的119架德国战斗机。那天盟军的战斗机数量几乎是德国的50倍。在一整天中，盟军台风战斗机都在紧盯着诺曼底海滩内陆的德国地面部队的行动。到那天正午，德军再也组织不起力量抵挡盟军的战斗机，所以盟军很多飞行员都找不到打击目标了。而有些飞行员则互相竞争，看谁摧毁的德国车辆多，有些德军竟然蠢蠢地把车子开到马路上，做了活靶子。

诺曼底战役期间，即便是在没有大规模行动或特殊战斗的普通日子里，盟军每天都会出动约3000架次战斗机，而德国仅有300架次，只是盟军的十分之一。如果有特殊攻击任务，盟军出动战斗机的架次会大幅增加。这自然影响到了整个战役的战况。只要德国增援部队一行动，盟军空军就会打击牵制他

◎ 1943年两架喷火战斗机在南欧上空巡航。盟军空军给进攻诺曼底的船舰和步兵提供全面的空中掩护。少量的德国战斗机完全不能渗透盟军空军建起的空中屏障

◎ 盟军很有预见性地修筑了很多马尔伯里码头，这给盟军登陆提供了极大的便利，因此也是诺曼底战役成功的主要因素之一

◎ 1944年8月，遭英国皇家空军轰炸过的鲁昂，英军的轰炸目标是德军的运输设施

们。德国增援部队在盟军空军的打击下行动受到了限制，而且没上前线就会遭遇极大的伤亡，所以不能快速增援在诺曼底的部队。

从那时的新闻片里，人们经常能看到德国人在车辆上盖树枝，企图伪装车辆，躲避盟军空军的侦察。德国士兵时刻注意环视周围，以便能及时发现英国战斗轰炸机，发出预警。这些轰炸机让德军的所有地面行动都变得十分危险。

战后，弗里茨·拜尔莱因和德国装甲教导师指挥官评价了盟军空中打击对整个战争的影响。拜尔莱因将军和德国其他地面部队的指挥官一样，知道面对盟军强大的空中力量，在白天行动无疑是自寻死路。但是，德国最高指挥部急着要增援在诺曼底的部队，不顾战场上的实际情况，坚持要求增援部队在白天快速前进。拜尔莱因痛苦地回忆道：

6月6日凌晨两点，有消息说盟军正穿过英吉利海峡，袭击我们。5点钟，上面命令我的部队向北行进。但是这时行动太早了，因为在白天盟军的空中打击十分猛烈。大家都知道盟军会动用一切空中力量支持他们

◎ 盟军除了占有空中优势外，他们的大炮和弹药供给也很充足。而德国人必须节约每一发子弹，所以他们不能像英国炮兵部队那样，动用重型炮兵火力，形成火力网，来阻止盟军的进攻

的地面行动，所以我提议部队在黄昏的时候开始行动，但是遭到否决。我们只能听从命令，可是我们一行动就遭到盟军的空中打击。到黄昏，我们就损失了 20 辆至 30 辆车。第二天早上，第 7 军司令直接命令我们继续前进，我们不能违抗命令，所以只能继续前进。

到了晚上，我们损失了 40 辆卡车，还有 9 辆其他车辆。我们有 5 辆坦克、84 辆半履带式战车以及牵引车和自行火炮被炸坏了。我们这个师还没有上战场就遭受了如此严重的损失。

第七章　霍巴特滑稽坦克

1943年，盟军为登陆日作战做着详尽的准备工作。在准备过程中，他们创造性地发明了一些新技术，为之后的诺曼底登陆做出了巨大的贡献。

尽管丘吉尔坦克在迪耶普战役中表现极不理想，但是它的主体部分十分坚固，所以英军决定在其基础上改装出一种叫作皇家工兵突击车的具有多种特殊用途的车辆。他们由珀西·霍巴特少将率领的英国陆军第79装甲师开发改装。

英军吸取迪耶普战役失败的教训，运用智慧，创造性地设计出了多种皇家工兵突击车来帮助盟军攻击希特勒的大西洋壁垒。其中最重要的发明就是对丘吉尔坦克进行改装，用它的旋转炮塔装配290毫米大口径迫击炮。这种炮能发射被称为“飞天垃圾桶”的巨型炮弹，它主要用来摧毁德军用混凝土浇筑的阻挡坦克的防御工事。

英军还利用第一次世界大战的经验，让皇家工兵突击车在炮塔前车体顶部存放直径为8英尺的柴捆。当遇到大型弹坑或反坦克壕时，可以直接把柴捆投入其中，这样坦克就能顺利通过了。

为了让车辆通过像海堤这样的大型障碍物，英军拆除坦克上的炮塔，在车顶配备30英尺长的小型开合式金属桥，能承载40吨的重量。坦克在遇上流沙或软地不能前进时，英军就用另一种皇家工兵突击车开路。这种车辆的车头

◎ 1944年6月，丘吉尔鳄鱼坦克在登陆几分钟后，就开始投入战斗

装有阔钢管支起的强化帆布卷筒，在遇上软地时，先将帆布展开，然后让车辆从帆布上通过。

为了不让地雷在沙滩的软地上爆炸留下巨型弹坑，英军还在坦克的头上装了排雷犁，把地雷挖出地面，再将其引爆。

而被英军称为“霍巴特滑稽坦克”的特种突击车是皇家工兵突击车的一种。它能爬上混凝土防御工事，将威力巨大的炸药包贴在碉堡或其他障碍物上，然后退到安全距离之外，引爆炸药，摧毁敌军的防御工事。

这些特种车辆在进行特殊作业时，也需要常规装甲的保护，以免受敌人反坦克炮或坦克的摧毁。为此，盟军改造出两种谢尔曼坦克。一种叫作“两栖行使”或DD战车。他们在坦克上加装可折叠的防水漂浮帘布，并在坦克后方装螺旋桨，使得坦克能在海上航行，在浅水区域打击敌军反坦克阵地，为特种坦克摧毁敌军的防御工事提供掩护。

隆美尔最主要一个防御战略就是在海岸线上大规模埋置反坦克地雷，形成宽度为半英里的地雷带，并且在离海岸 5 英里处再埋设另一条地雷带。根据计算，设置这两条地雷带，需要 200 万颗地雷。尽管弹药资源越来越匮乏，隆美尔仍然吹嘘说海滩会是盟军的“死亡之地”。

虽然大西洋壁垒工程离竣工还为时尚早，但是在 1944 年中，诺曼底地区的防御工程进展很快。而盟军则努力发明实用的车辆，为部队通过雷区扫清障碍。其中一种扫雷战车就是由谢尔曼坦克改装而成的另一种战车，叫作螃蟹。这种扫雷坦克带有滚动铁链转轮，在行进时，能敲打前方地面，以引爆前面的地雷。

◎ 丘吉尔皇家工兵突击车

因为拥有这些令人称奇的特殊战车，霍巴特的第 79 师简直就成了坦克改装工厂，为盟军设计改造各种特殊用途的战车。参加登陆日作战的英国和加拿大士兵，或许他们仍然记得迪耶普战役失败的教训。这些士兵充分利用霍巴特师团的智慧和他们发明的“滑稽坦克”。然而美国将军布拉德利却宣称不使用这些坦克，结果参加奥马哈海滩登陆的美军士兵遭到严重损失。两相对比，结果证明了滑稽坦克在作战过程中的价值。

M4谢尔曼螃蟹扫雷坦克

迪·图瓦少校根据一名南非人的想法，在谢尔曼螃蟹坦克上装了两根一模一样的向前伸着的吊杆。吊杆上装着滚动转轮，轮上连着铁链，铁链滚动时大力地抽打地面，引爆前进途中的地雷。这些铁链能升起，这样“螃蟹”就能像普通坦克一样行动了。

如今50多年过去了，但是在皇家坦克博物馆工作的大卫·弗莱彻一说起滑稽坦克，依然感到十分自豪：

以前有人认为这不是一种发明，这样的坦克没有任何实用之处。至少人们在批评滑稽坦克时，经常会提到这一点。但是在我看来，如果仔细研究第79装甲师，大家就会发现这个师团规模不大，不能同时为英国、美国和加拿大三国军队服务。而当时他们已经在为英国和加拿大的军队服务

◎ 螃蟹坦克正在前行。这种类型的坦克在阿拉曼之战中首次出现。它前部有一个钢筒，上面挂有数条铁链，坦克前进时，钢筒会带动铁链迅速滚动

了。如果再去支援美军，就会削弱这个师团的力量。至于美国人为什么没有采用这些特种装甲车来武装自己，因为他们认为丘吉尔坦克，即皇家工兵突击车改装的原型，已经过时了。美国人生产的坦克跟丘吉尔坦克完全不同，他们用不惯。在美国人看来，丘吉尔坦克的设计十分糟糕。但是，随着诺曼底战役的持续，他们也开始使用螃蟹坦克。

丘吉尔皇家工兵突击车

在迪耶普战役中，盟军发现德军的混凝土工事十分坚固，他们意识到需要一种能摧毁海滩上坚固工事的坦克来支援步兵的行动。丘吉尔皇家工兵突击车主要用来打击敌军坚固的要塞，它装有口径为 9 英寸的迫击炮，发射的炮弹重达 40 磅，这种炮弹又被称为“飞天垃圾桶”。炮的射程可达 230 码。

◎ 皇家工兵突击车的290毫米大口径迫击炮及其炮弹

◎ 丘吉尔鳄鱼坦克能喷射火焰，射程为150码。它能连续快速喷射50码长的火团或单条火柱

在登陆日，盟军动用了50辆螃蟹坦克和128辆皇家工兵突击车，其中仅有12辆螃蟹坦克和22辆皇家工兵突击车被打瘫痪，受损比例相对较小。英国皇家海军陆战队队员哈罗德·皮茨在回忆自己将DD坦克运往海滩的经历：

我们的任务是让DD坦克下水行驶。我们一开始很怀疑坦克能不能在水里浮起来，因为这坦克的做工太粗糙了。不过幸运的是，我们在凌晨5点半开始登陆，海水没有那么深。一切都在悄悄地进行着，没有引起德军的注意，所以其中有一段时间，我们能按计划行动。坦克下水后，开始向海滩进发，尼尔森和其他舰队为我们做掩护。一开始，我们还遭到了德军零星的攻击，但是我们很快设法摆脱了。在浅滩上，行动持续了很长时间，我们把坦克驶向黄金海滩，所有的坦克都上了岸，之后我们又回到英格兰重新运坦克去诺曼底。

第八章　登陆日

1944 年 5 月，皇家海军上将盟军海军远征军司令伯伦特·拉姆齐爵士的参谋长，海军少将乔治·埃尔维·克里西向盟军海军军官致辞说：“先生们，跨越英吉利海峡作战，西班牙的菲利普二世没做到，法国的拿破仑试了但是没成功，希特勒根本没胆量尝试，现在我们即将要挑战这项伟大的任务了。上天恩宠，我们会成功的。”早在克里西说这些话的很多天前，盟军就已经开始实施一项庞大但是却经过精心设计的计划了。

盟军先遣突击部队在英国南部海岸旁的无数个登船点集结。大部分英国和加拿大士兵将开赴诺曼底东部，而美军则去西部。在诺曼底登陆先期行动的最后阶段，船舰、登陆艇的部署和派哪个部队去哪个特定的集结地，这之间有十分重要的联系。

部队需要采取与运输非本土部队不同的方法组织先遣队登船。在抢滩登陆时，第一拨登陆的军队得依靠自己的力量战斗，没有其他部队为其做掩护，还要在上千艘船中精心部署后援部队，使部队即使因为德国空军的轰炸而造成了伤亡，也能及时补充援军，不妨碍任何部队的行动。

在集结地参加作战任务的将士们，他们的任务就是在德军的诺曼底防线上打开口子，因此人们戏称他们为“绞肉机”。集结区营地就像是一个加工厂，在此驻扎的士兵没有姓名只有编号，他们就是一批批等待飞机或船只运载的货物。那些参加诺曼底战役的步兵、炮手、工兵及其他人员，他们在集结区的码头登上开赴法国的船只，在诺曼底各目标海滩跟德国人做殊死搏斗，为后面的部队杀出一条血路。

英国人原本以为德军会越过英吉利海峡入侵英国，所以在1940年他们就急匆匆地在英格兰南部修筑了道路，准备抵御德军的入侵。而这时，这些路上挤满了坦克、大炮、推土机、卡车还有水陆两用军车。这种军车最早在西西里战役中就投入了使用。

登陆日那天我参加了诺曼底抢滩登陆。我在加拿大第3师，负责把加拿大兵团送到海滩上。我就是你们说的“鸭子”（水陆两用军车）的司机。大部分人都知道它的缩写是DUKW，但是我从来就记不得它真正的意思。

绵延数里的道路上，挤满了各种各样的战车。它们的发动机放出的蒸汽直冲云霄，如同歼击机飞过留下的烟雾。

◎ 从空中看，盟军上万艘船只集结在一起，支援诺曼底登陆。这足以显示盟军在后勤上的极大优势

自从不列颠空战以来，英国皇家空军和美国空军在战火的洗礼下，都彻底改头换面。两国空军以及大部分运送士兵的船只都能无惧德国空军的袭扰，迅速集结。而在登陆日几天后，盟军就了解到曾经不可一世的德国空军，如今连空中侦察的能力都没有了，根本不能向德军提供任何预警信息，更别说提供盟军进攻的方向了。

M4谢尔曼DD两栖坦克

M4 谢尔曼 DD 两栖坦克在 1944 年 6 月的登陆日作战中起了十分重要的作用。在水中，防水漂浮帘布可以支撑起坦克，不让其下沉，上岸后，帘布就会收起。这种防水的两栖坦克是英国人在美国坦克的基础上改装而成的。

最先登陆诺曼底海滩的 DD 两栖坦克，很快就得到通过其他常规方式登陆的谢尔曼坦克的支援。

◎ 谢尔曼DD两栖坦克和收起的漂浮帘布

那些登上舰船准备参加诺曼底战役的士兵情绪高昂。6月1日，一切就绪，拉姆齐上将向盟军的海军将士们发表了著名的《动员令》：

能参加历史上如此伟大的两栖作战行动是我们的荣幸。这是开辟欧洲第二战场的必要一步。我们在第二战场和东线的苏联军队遥相呼应，将会彻底摧毁德国人的战斗力。我们厉兵秣马，长久等待，终于等到了这个机会。我们必须下定决心，牢牢抓住这个机会。自由世界和欧洲被奴役大众的祈祷将一直与我们同在，保佑我们，我们不能辜负他们的殷殷期盼。我们的任务是与美国商船队合作，在空军的掩护下，把远征军士兵运送到欧洲大陆，并抢在敌军之前在那里修筑起坚固的滩头阵地。我们每一个人都要充分认识到此次任务的重要性。德国人已经走投无路，他们会负隅顽抗

◎ 6月6日前一天，美国士兵涌向自己的登陆艇。按原计划，士兵们将在6月5日采取行动，但是最后却延迟了24小时，他们在狭小的空间内焦急地等待着行动命令，其中的艰辛可想而知

直到我们将其彻底打败。我们能打败他们！我们一定会打败他们！你们每个人都有机会展示自己的决心和英勇无畏的精神。一个人如果有这样的精神，就会充满力量和干劲。一个团队如果有这样的精神，就无坚不摧。我希望你们每个人都能竭尽全力，确保赢得这场伟大的战役。这场战役将会掀起欧洲战争的高潮。祝你们好运，也祝你们成功！

◎ 美国步兵乘坐登陆艇开赴诺曼底海滩。那些去犹他海滩的士兵十分幸运，因为他们遇到的敌军火力比在奥马哈海滩的小得多

盟军对具体攻击地点采取了严格的保密措施，甚至很多指挥官在登船前，也根本不知道自己的人要去哪。上登陆艇后，他们才被告知攻击的具体地点。他们急忙打开地图，研究塞纳湾的地形。

盟军计划

英国以及加拿大部队开赴位于卡昂运河右边的东部海滩。而在他们到达海滩的前几小时，盟军空降部队就要在运河左岸登陆，为他们提供掩护。美军则负责进攻西部海滩，形成对瑟堡的合围之势。

负责海上运输这个艰巨任务的主要是两路海军，东路由英国皇家海军少将菲利普 · 维安爵士率领，西路由美国海军少将艾伦 · G. 科克指挥。东路有三支先遣队和一支后备部队，而西路有两支先遣队和一支后备部队。其中 80% 的战舰和大型船只都属于英国海军。不过如果包括小型舰艇，那么英军占 60%，美军 40%。根据拉姆齐上将的说法，总共有 5143 艘舰只

◎ 盟军在德军所谓的“欧洲壁垒”登陆。照片中间戴眼镜的士兵，身材瘦小，让人感觉不像是一位刚强的英雄

霸王行动

即使是在今天，“霸王行动”也能算是历史上规模最大、最复杂的单一军事行动。盟军在很多方面都撞上了好运。虽然他们没有完全达到预想的目的，但是他们在所有五个海滩上都抢滩登陆成功，大部分部队都向内陆推进了5英里。在第一拨登陆作战的士兵中，有57000名美国士兵，75000多名英国和加拿大士兵，此外还有为他们提供掩护的装甲炮兵和工兵。按计划，这些人要攻打位于法国诺曼底度假胜地的海滩。这些海滩的代号在军事史上都赫赫有名，它们分别是犹他海滩、奥马哈海滩、黄金海滩、朱诺海滩和宝剑海滩。

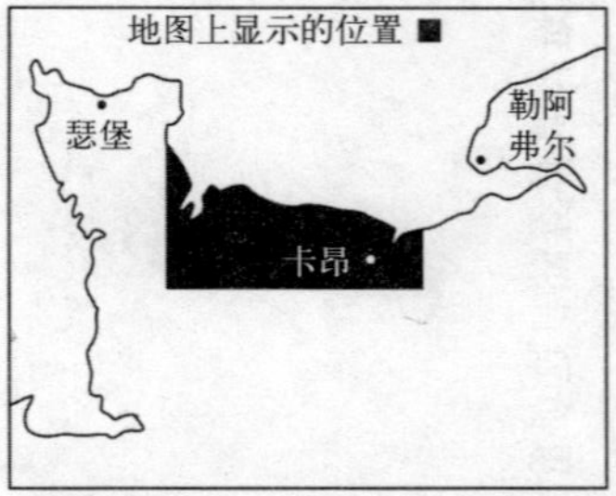

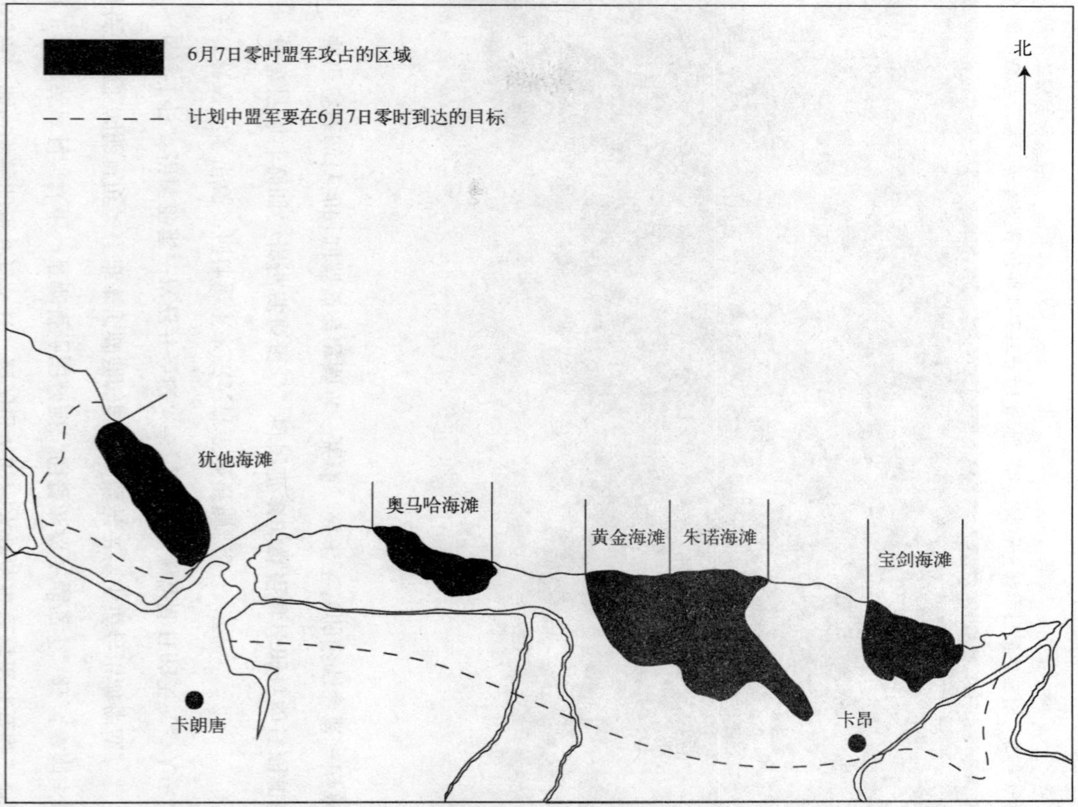

参加了此次登陆战。

登陆日的选择

盟军最高指挥官德怀特·艾森豪威尔将军负责选择具体登陆日这项重大的决定。他原本选的是6月5日，因为这天的潮水状况最适合抢滩登陆。到6月1日，英吉利海峡上一直都是艳阳高照，但是突然天就变了。狂风暴雨不仅降低了海上的能见度，还带来了汹涌的海浪，这种天气不适合出海作战。

6月1日，指挥部第一次召开会议，专门讨论预测登陆日的天气。大家发现天气状况不太乐观，预计接下来三天甚至会更糟糕。

在做行动计划时，指挥部最担心，讨论最多的就是具体的行动日期和时间。确定最佳的行动时间需要考虑潮水、光线、恶劣天气的影响等很多因素。

◎ 德国战俘在等待英军船只将他们送往英国关押，他们神色平静地打量着四周，似乎在等待一次普通的旅行

◎ 本照片摄于6月7日，照片能清楚地反映“霸王行动”的规模之大

最后艾森豪威尔把登陆日选在6月5日，之后的6日和7日作为备选方案。不过没人希望他们预想的那些困难会真的发生。登陆日前的那个周末，伦敦乌云密布，狂风大作。但是6月3日晚，尽管天气状况不容乐观，艾森豪威尔还是决定让部队开始行动，以便能抓住在6月5日这个登陆的良机。

艾森豪威尔召集他的高级指挥官们评估当时的情况，商讨行动时间。在会议上这些将领要决定是否在6月5日采取行动或者是取消行动。不难想象当时会场的气氛有多么紧张。潮汐的情况决定了行动最长只能延迟24小时，不然整个行动就要推迟到两星期后才能进行。几经斟酌，在凌晨4:15，他们决定将行动推迟到6月6日。因此很多已经登船的士兵需要在拥挤的舰艇内再待上一天一夜。许多士兵出现了晕船的症状，等到进攻的命令下达时，不少人已经又累又倦，情绪极不稳定，几乎都要暴动了。而运输士兵的大型军舰，需要提前至少 24 小时做准备，才能保证规模如此庞大的行动顺利进行。6 月 4 日晚 9:30，盟军指挥部召开第二次会议。尽管天气没有好转的迹象，但是英国皇家空军的气象专家詹姆斯 · 史塔格上尉给了大家一线希望。英吉利海峡上的气象观测船传回的数据显示，在 6 月 6 日清晨的某段时间内，天会放晴，而且海上没有风浪。是否选择在那个时候行动，这个难题摆在了艾森豪威尔面前。空军指挥官认为 6 日不适合空军行动，不能为海上部队提供有效的掩护，因为他们的行动需要良好的能见度。但是海军认为，即使天气状况很糟糕，但是夏季在海上航行没有问题。在陆军指挥官中，蒙哥马利的反应最热烈。他说的这句“照我说的，去！”后来广为流传。据资料记载，当时大家都紧张地保持沉默，艾森豪威尔则思考了很长时间，最后才决定说：“我认为要下命令行动，虽然我不喜欢这个决定，但是就这么定了。”5 日凌晨 4 点，最高指挥部又召开了一次会议，给大家最后一次做决定的机

◎ 步兵在M.10反坦克装甲车的掩护下躲避敌军狙击手的袭击

会。但是，天气预报仍预测6日天气会转好。艾森豪威尔最后一锤定音，说了那句最富有传奇意味的话：“好，我们去！”这样指挥部决定6月6日开始“霸王行动”。1945年3月7日，英国海军大臣A.V.亚历山大在下议院的演讲中，回忆起当时的紧张气氛：

6月5日上午，天气预报说4日晚上的天气变化显示，天气状况在渐渐转好，到6日时将适合行动。根据这份预报，指挥部最终决定在6月6日凌晨发动攻击。做这样的决定非常不容易。事后证明这个决定当然是正确的。如果我们错过了这次机会，在接下来半个月都不能采取行动，而在那时，天气状况更糟糕。1944年6月，英吉利海峡上乌云密布，狂风大作，这是50年来这个地区天气状况最糟的6月。然而，可能也是因为天气很坏，所以德国人认为我们不能发动进攻，因此他们毫无防备，而我们攻其不备，取得了胜利。

德国军队指南

摘录11

参加阻滞战的战斗群

……德军在撤退时通常会组织战斗群，执行一些特殊任务，比如就地反击或守卫某些对主力部队撤退的安全十分重要的地方。

德国人利用战斗群组织进攻、防守以及牵制敌人。战斗群的规模有大有小，小到只有近距离射击武器的一两个连，大至一个团甚至几个营，装备有坦克、火炮、防空武器、工兵和侦察武器等。战斗群无论大小，在战斗中都要想方设法依靠自己的力量牵制住敌人，确保完成作战任务。但是在实际作战情况下的德国战斗群，他们的组成配备不足以构成一支独立作战的战斗力量，更糟糕的是在紧急情况下，指挥官必须指挥一支战斗力不足、各部队间相对分离的队伍来应付敌军，完成作战任务。

德国战斗群组成的时间有短有长，作战任务也会有变化。他们通常以指挥官的名字来命名。

为防止敌军追上后卫部队，德军经常在行进路线上埋置炸药，设置各种障碍设施。整个二战期间，德军工兵一步步彻底摧毁了各地的基础设施。他们将涵洞和桥梁完全摧毁，在道路以及所有便道上埋置地雷、挖弹坑，把砍倒的大树横放在路上，用倒塌的建筑挡住街道。他们在主干道上设立竖直的栅栏，栅栏周围30码的地区常常埋上地雷。他们最常用的炸药是木质盒装地雷，有时也会用空头炸弹和炮弹代替。

德军后卫部队经常需要牵制住敌人，掩护工兵，让他们在自己身后埋置炸药。德军在部队准备进行全面撤退，但是仍要守护防线或临时防线时，工兵开始在后方埋置炸弹。大部队撤退之后，德军会部署狙击手、机关枪、自行武器保护这些炸弹，尽可能拖延敌军破坏这些炸弹的时间。

◎ 从特殊改装的半履带车上发射的6膛火箭炮，这种炮威力极大，发射炮弹后可以迅速移到新的位置

大家在听到6月4日指挥部决定将行动推迟24小时的消息时，并不感到惊讶。不过海峡那边的潮汐状况十分重要，所以远征军要在5日、6日、7日三天采取行动。6月5日早上，风依然刮得很紧，但是前一天晚上开始集结的小船又开始起锚。这一次，行动真的要开始了。

我们先往南到南安普敦，然后登上一艘运送步兵的登陆艇。之后我们开始出海，在海上转了三四天。我们从海港进进出出，没有人愿意待在船上，因为浪太大了。我们感觉自己不是在海上漂，而是在天上飞。我们最后回到朴茨茅斯补充燃油，然后真正开始渡过英吉利海峡，奔赴诺曼底战场。

各种船只跟着扫雷舰队在海上迎着风浪前进。扫雷舰队由309艘英国扫雷舰、22艘美国扫雷舰和16艘加拿大扫雷舰组成。做完初步清扫任务后，这

◎ 受伤的美国士兵在诺曼底海滩的急救站等待乘船回英国接受治疗

◎ 英国士兵在卡昂的一处废墟进行防守。虽然在这种地形条件下，近身搏斗的可能性很小，但是照片中的士兵把刺刀也装到了枪上

些舰队要为后面的船队开辟长达30英里的海上高速航道，这个航道一直延伸到诺曼底海滩附近。扫雷舰队后面跟着叫作“丹纳斯”的特殊船只，它们会在航道的危险区域设置标识。尽管前面十分危险，但是士兵们都很高兴，因为他们终于可以上岸了。

哈维·佩尔曼回忆说自己在等待司令部下达命令时，感到十分迷茫：

我要在朱诺海滩登陆。我们在抢滩登陆几天前就上了船，但是行动却推迟了。因为天气不好，指挥部迟迟不做决定，我们就在海上颠簸了好几天。后来我们终于开赴海峡那边，两旁都是给我们护航的扫雷舰。我感觉我们花了整整一天的时间才穿过海峡，从南安普敦到诺曼底有一百英里远。我一直在想我们要去哪。我记得自己坐在坦克登陆舰的顶部。我们在里面待了整整一夜，我差不多都待在那个地方，听着坦克咯吱咯吱地往前开，但就是不知道要开去哪。

东路海上运输部队进攻的时间定在6月6日上午7点25分，西路的美国部队则提前50分钟出发。此前几小时，空降部队已经在卡昂运河东岸及瑟堡半岛登陆。这些英国和美国的精锐部队通过降落伞或滑翔机登陆欧洲大陆，夺取了重要的通信要地，为先遣部队提供掩护。

降落在卡昂东部的英国第6空降师和在卡朗唐附近着陆的美国101空降师分别掩护最左翼和最右翼的先遣部队。两只空降部队都要依靠自己的力量降落。英军方面，他们的空降十分成功，滑翔机部队帮助空降部队夺取了卡昂运河上著名的珀伽索斯桥，还解决了位于默维尔的德国炮台。这个炮台正对着宝剑海滩，如果不拔除，对先遣部队会造成很大的威胁。

空军的行动

6月5日，夜幕降临时，大海上波涛汹涌，盟军那些平底的突击艇在风暴中就像软木塞一样，随波飘荡。此时，英国皇家空军正准备起飞，为盟军抢滩登陆打头阵。

凌晨，在船上能听到狂风中夹杂着飞机发动机的轰鸣声。在导航人员的指导下，750架重型轰炸机对诺曼底海滩进行了一次集中打击，旨在削减德国军队的防御能力。他们的轰炸一直持续到空降部队行动前两个小时，接着运送空降兵的飞机将这些精英战士空投在指定的德军海滩防卫炮台附近。

6月6日拂晓，重型轰炸机轰炸时燃起的大火，为海上的船只指明了方向。盟军空军在预定攻击时刻前对诺曼底海滩进行全力打击，炮火点亮了整个海岸。美国陆军第8航空队和第9航空队的空中堡垒和解放者轰炸机在战斗机的掩护下，在英军和美军即将登陆的海滩上分别投放了2400吨和1900吨炸弹。盟军空军在行动时，没有碰到一架德军飞机，这向被炸得晕头转向的德国守军表明了一个残酷的事实，只要他们能清醒地预估当前形势，他们就知道自

◎ 配有反坦克火箭步枪的德国掷弹兵。这种反坦克武器在短距离攻击时具有强大的威力

已败局已定。盟军在法国建立起第一条飞行跑道之前，需要在英格兰南部保留10个歼击机中队，来确保至少有一个歼击机中队一直在诺曼底上空为地面部队提供掩护。

那些开赴诺曼底海岸的军舰，似乎是在等着守卫大西洋壁垒的德国军队对它们开火。最后，它们好像失去了耐心，一些轰击舰首先对德军开火。瞬时，地平线上出现巨大的黄色闪光，腾起大朵大朵的褐色烟雾。几秒钟后，就听到盟军舰队上传出持续不断的轰鸣声。距离预定进攻时刻还有40多分钟时，英国狩猎级驱逐舰加入了战斗，与岸上存留的德军炮台进行决斗。西边的美国驱逐舰也是如此，他们战列舰上的重型炮开始向海滩上的德军发射直径为14英寸、15英寸、16英寸的炮弹，对他们进行狂轰滥炸。

在盟军部队大批登陆海滩前，火箭攻击舰对岸上的德军进行了最后的打击。火箭弹像暴雨般砸向德军残存的前沿阵地，向阵地开火的舰只瞬间隐没在

◎ 趴在卡昂废墟上的德国机枪手。这些废墟为经验丰富的德国士兵提供了绝佳的进攻阵地。这些德国兵，有很多都上过苏联的战场

火箭弹爆炸腾起的火焰中。

扫雷舰承担着率领先遣部队开赴诺曼底海滩这个危险性极高的任务。扫雷舰队这次要清扫出 10 条航道，这是二战以来最大的单一海上扫雷行动。309 艘英国扫雷舰、16 艘加拿大扫雷舰和 22 搜美国扫雷舰参加了这次行动。这些扫雷舰需要拓宽所有行进航道，还要清扫诺曼底海岸边的海域，以容纳大批为军队运输补给物资的船只……扫雷舰在海上不停地作业，取得了辉煌的战绩，总共排除了 15000 颗水雷，保证了海上船只的安全。

接着采取行动的是轰炸舰队。它们在总攻开始前负责摧毁德军的海岸防御战线。有一支轰炸舰队在凌晨 5 点 15 分到达战斗位置时，从勒阿弗尔出发的 4 艘德国鱼雷艇和一些武装打捞舰假模假样地对他们发起了攻击，用鱼雷击沉了一艘挪威驱逐舰；而盟军则击沉了一艘德国打捞舰，破坏了另一艘，之后德国人没再发起攻击。

接下来，整个世界都在急切等待的时刻——盟军再一次踏上法国领土的这一刻——终于到来了。尽管天气很糟糕，但是海军按计划出色地完成了每一项重要任务。在战术上实现了对敌军的突然袭击，并且各种船只和登陆艇的损失远远小于预先的估计。

攻击开始

进攻时刻来临时，盟军突然停止火炮发射，海滩上一片沉静。在一片寂静中突击艇加速驶向海滩。由于潮水很低，德军很多防御工事都露了出来，不过一些攻击艇还是碰到了角铁，底部被划破，沉没在了法国的海岸边。不过这些攻击艇的船员知道，他们已经把士兵送到了岸边，完成了任务。有的艇还触爆了地雷，但是那些掉入海里的士兵挣扎着爬上岸，和其他士兵继续前进。据记载，攻击艇上的一些水兵甚至弃船上岸，跑到海滩上，目的就想跟先遣队的士兵们最后道一声祝福。

DD坦克

在登陆日那一天，DD 两栖坦克在不同海滩遭遇了不同的命运。攻击犹他海滩的 30 辆 DD 坦克中，有 29 辆安全上岸，在协助步兵向内陆挺进中起了十分重要的作用。但是在奥马哈海滩，因为海况很差，第 1 营中的 30 辆坦克，有 28 辆都沉入了海底，坦克中的士兵大部分也因此牺牲。因为没有装甲坦克的支援，奥马哈海滩上美国步兵的伤亡是登陆日所有先遣部队中最高的。

第 2 营营长在看到恶劣的海况后，拒绝派坦克出战，而是让登陆艇将士

◎ 登陆日，从诺曼底海滩运回英格兰的受伤的英国士兵。第一批受伤的士兵在登陆日当天就被送回了英格兰，足以看出盟军作战计划的高效

兵直接送上海滩。虽然他们没损失坦克，但是浪费了宝贵的时间，错过了最佳的战机。

加拿大军队在朱诺海滩登陆，这里的情况要好些，24 辆 DD 坦克中有 21 辆成功登陆。总体而言，英国军队比加拿大和美国军队都幸运，34 辆坦克有 31 辆成功登陆宝剑海滩。

在朱诺海滩，一些德国守军由于准备充分，牵制了进攻的加拿大步兵，而 DD 坦克则给了加拿大步兵极大的支持。DD 坦克一登陆，立马摧毁了德国反坦克炮，使加拿大军队得以继续向内陆前进。同样在朱诺海滩，皇家工兵突击车的出色表现也证明了它们的价值。它们不仅能成功地清除海滩上的地雷，而且能在海堤上打开缺口，将柴捆丢入反坦克壕，让后面的步兵能进攻大西洋壁垒后德军防御工事里的德国士兵，而且它们还能帮助步兵摧毁德军的战略要地。

因为德国的很多混凝土碉堡建在地下，所以一些德国士兵自然逃过了盟军空军和海军的猛烈轰炸。德军甚至为哨兵在地下用坚固的混凝土修筑了隐蔽所，上面也盖有沉重的混凝土盖板。所以，盟军先遣部队在冲过沙滩时，在很多地方遭到来复枪或机关枪的打击。

在伯尔尼埃，德国的一门大炮等到十几艘登陆舰上岸，进入近距离平射范围内才开火。勇猛的德国兵向盟军士兵发炮，造成了不小的伤亡，最后是盟军军舰上射来的炮弹摧毁了这门炮。

奥马哈海滩血战

在整个抢滩登陆过程中，美军，尤其是在奥马哈海滩的美军，遭遇了最顽强的抵抗，战斗过程十分艰苦。总体来说，盟军在登陆日这一天运气不错，但是也遇到了几件不幸的事。其中一件就是美军遇上的德国守军战斗力强，意志坚定。后来大家才知道，在美军攻击的时候，碰巧德国人在那个地区进行反入侵演习，所以德军的抵抗力量比先前估计的要大。

海滩附近舰只上的士兵很清楚岸上的战斗十分艰难，而美军士兵发现他们很难攻上海滩。因此这些舰只，包括一些加拿大扫雷舰，都不顾自身危险，尽量驶近海滩，为登陆的美军提供火炮支持。

美国空降部队也没有英国空降部队那么好运。隆美尔曾下命令，让德军淹掉卡瑞登附近所有能进行空降的区域。而且德国人还在那些地区埋置了大量反步兵地雷，这给美国空降部队带来了极大伤亡。

多尔曼将军当时是德国第7集团军的指挥官，但是6月6日，他并不在自己的防区内。在犹他海滩登陆的美军取得了相当大的胜利，不过好笑的是，他们的行动在一开始就遇到了麻烦，差点酿成大祸。几百艘登陆艇在烟幕的掩

◎ 1944年6月7日，盟军和平收复巴约，这座古老的城市未受任何损坏。城里的人们纷纷涌上街道，热泪盈眶地欢迎盟军部队的到来

护下准备跟随 PC1176 号巡逻艇登陆，但是这艘巡逻艇撞上了鱼雷，完全动不了了。他们只好继续跟着另一艘巡逻艇开向岸边，但是他们又遇上了洋流，被带到目标海滩南部两千米的地方。幸好他们因祸得福，撞上了好运。一登陆，罗斯福总统的儿子小罗斯福很快就发现，他们登陆海滩的防守力量比原计划要登陆海滩的力量弱得多。所以小罗斯福命令部队尽快向内陆前进，摧毁德军的防御工事。就在他支着拐杖，与敌军奋勇搏斗，努力冲上海滩的时候，其他参加抢滩登陆的美国将军还在海中与德军苦苦作战。不过他在登陆日的英勇行为也成为他人生的绝唱，6 月 12 日，他因心脏病突发离世，但是他因为在登陆日的英勇表现，被追授了荣誉勋章。

加拿大军队的进攻

加拿大军队的主攻阵地是古尔塞勒和伯尔尼埃地区长达 10000 码的战线。工兵在推土机的帮助下，为先遣部队扫清前进道路上的危险障碍，之后步兵从四个主缺口攻入敌军防守阵地。当加拿大工兵在德军海防线上打开第一条安全通道时，英国皇家工兵和美国工兵还没完成这项任务。他们继续拓宽通道，以便几天后大批盟军部队能在海滩上安全集结。

曾经参加过迪耶普突袭行动的埃塞克斯苏格兰军团和皇家莱斯燧发枪团的士兵是参加抢滩登陆的第一批加拿大士兵。皇家伯克郡军团的一个营跟随加拿大士兵一同行动。盟军将士像潮水般涌上诺曼底海滩时，英格兰许多地方军团的表现都十分勇猛。皇家沃里克郡军团、国王的约克郡轻步兵团、南兰卡夏郡军团、达拉莫轻步兵团以及柴郡军团等都率先在诺曼底登陆战中取得了战功。

英国第 3 步兵师能作为先遣部队参与抢滩作战，这对他们来说是一种无上荣耀。1940 年法国沦陷时，蒙哥马利就率领着这支部队在法国作战。1944 年 6 月 6 日，他们在少将伦尼的率领下又打了回来。

◎ 照片中凯勒（R.F.L. Keller）少将率领的加拿大第3步兵师是在1944年6月6日第一批登上诺曼底的部队之一

英国第 50 师和德军打了一场艰难的战斗，最终获得了胜利，达成预定的目标，赢得了指挥官的高度赞许：“干得好，第 50 师。你们是真正的斗士！”

英国第 59 步兵师也登上了岸。第 4 和第 7 龙骑卫队是第一批登陆的装甲部队，之后他们带领盟军部队开进波卡基村，并帮助其他部队夺取了蒂莉。另一支装甲编队第 13 和第 18 轻骑兵则在科勒维尔素奥恩登陆。

国王皇家来复枪兵团的一个营、步枪旅和皇家北爱尔兰步枪队都是第一批登陆法国的英国部队。国王苏格兰边民军团参加了攻击大西洋壁垒的行动，而等到登陆日之后，盟军在卡昂附近的激战中摧毁了德军主力，奠定整个战役的胜局时，德国人才真正领略著名的第 51 苏格兰高地师的战斗力。苏格兰高地警卫团、哥顿团和锡福斯团将在诺曼底开创新的历史。

威尔士军团、西南部军团、伦敦第 4 义勇骑兵队、神枪手团在那天也有不俗的表现。

庞大的海军

此次抢滩登陆所需的海军力量主要由四部分组成：为所有舰只扫清障碍的扫雷舰队，运输士兵、大炮、坦克、车辆等其他武器装备的登陆舰船，配合空军摧毁德军阻碍盟军登陆的力量，并为刚刚登陆的部队提供炮火掩护的轰炸舰队，以及护卫和反潜艇舰队。

除了战斗舰之外，22 艘巡洋舰和更多的驱逐舰也对岸上的德军进行了轰炸，直到全部消灭攻击范围内的德军力量，这些舰队才停火。很多舰船在战役中都做出了突出贡献，比较有名的英国巡洋舰有“阿波罗”号、“阿尔戈”号、“贝尔法斯特”号、“贝罗纳”号、“黑太子”号、“刻瑞斯”号、“达娜厄”号、“阿瑞苏斯”号、“进取”号、“佛罗比舍”号、“格拉斯哥”号、“霍金斯”号、“毛里求斯”号、“俄里翁”号、“斯库拉”号，美国的“塔斯卡卢萨”号、“奥古斯塔”号、“昆西”号和波兰的“巨龙”号。在轰炸过程中，这些舰队总共

◎ 登陆艇损坏后，美军士兵被同伴拖上岸。登陆日那天，很多掉入海中的士兵，因为身上带的武器太重而被淹死，这些士兵能上岸实在是幸运

向诺曼底发射了 56769 发直径 4.7 英寸及以上的炮弹。

海军火炮不仅为盟军部队提供持续的火力支持，还经常对特殊目标进行强力打击，以压制德军的火力。比如，皇家海军舰艇“罗德尼”号和“拉米利斯”号接到命令，要压制德军第 21 装甲师的某一强力火力点。德军企图利用这个火力点打散英军和美军的力量，不过由于两艘舰艇上火炮的压制，德军未能如愿。有一段时间，卡昂运河对面德军的炮火干扰了最东边盟军的进攻，英国巡洋舰便对这些大炮实施打击，它们很快就停火了。

空军力量

盟军空军也对德军实施持续猛烈的打击。登陆日早上，1300 多架解放者和空中堡垒轰炸机，在大批战斗机的护卫下，对德军实施了长达两个半小时的不间断轰炸。德国空军几乎没派出战机应战。几天后的傍晚，盟军对德军实施了最大规模的空中打击。盟军大批轰炸机浩浩荡荡飞过长长的停泊区，炸毁了德军在勒阿弗尔港的鱼雷艇和其他舰只。

登陆日那天夜晚，德国空军的确尝试过偷袭盟军停泊的船只。但是德军的袭击规模不大，而他们却见识到了盟军舰船和海滩上集结的大量高射炮。盟军的停泊区似乎都在曳光弹的照射范围内，遮挡了德国飞行员的视线，而船上排出的浓烟更是降低了能见度。

德军内部纷繁复杂的命令程序使得他们在登陆日那天的处于十分复杂的境地。德国人长时间缺乏燃料，严重地削减了增援部队的速度，使其不能快速到达防御阵地。不过要摆脱这种困境，首先需要德国最高指挥部精简繁琐的命令程序，但是这根本不是件容易的事。

◎ 英国士兵看守着德国战俘，抓获了这些俘虏，他看起来很高兴。这些德国军人在遭受大规模空中和海上轰炸之后，或许对自己能离开战场感到很高兴

隆美尔的缺阵

而让情况更糟糕的是，隆美尔恰恰选择在这个时间休假，回家看妻子去了。之前我们已经说过，多尔曼当时不在诺曼底。由于主将不在，其他指挥官不敢轻举妄动，登陆日那天只有第 21 装甲师可以对盟军实施反击。

德国第 21 装甲师是一支很有名的部队，它曾是隆美尔率领的德意志非洲军团中战功赫赫的一支部队。但是，此时隆美尔麾下的这支装甲师中的士兵并不是那些参加了非洲战役的老兵，因为参加北非作战的德国士兵几乎都战死了，所以这支 21 装甲师其实是支新组建的部队，作战经验要少得多。但是，这支部队确实采用了恰当的战术，履行了自己的职责。不过在 6 月 6 日，他们人数不够，不能够攻破英国第 2 军团，袭击他们的滩头阵地。

赛普·迪特里希当时负责指挥党卫军第1装甲军团，他急切地想让自己的部队投入战斗。他除了负责指挥卫队师和党卫军第12希特勒青年团外，还负责第21装甲师。盟军对诺曼底实施了空中封锁，这意味着党卫军部队不能进行大规模的支援，只能一点点挪动。结果，德军自然组织不起大规模的反攻。德国第716步兵师负责防守卡昂北部的海岸，这正是英国军队攻击的重点，所以他们很不幸地遭遇了大批英军。

德军第21装甲师的一支战斗部队企图在英军和加拿大军队之间打开突破口，他们在6月6日晚上7点左右出人意料地挺进到里昂素梅尔的海岸边。但是因为没有援军，所以这支部队不得不退回到卡昂北部的阵地。在登陆日那天，这支装甲师失去了四分之一的坦克，接下来几天他们遭受了更大的损失。

这时，赛普·迪特里希才赶到战场指挥战斗。党卫军第1装甲军团开始指挥第21装甲师和第716步兵师残存的部队。因为装甲教导师还在赶赴战场

◎ 美国步兵离开登陆艇，奔向犹他海滩

的路上，预计6月8日早晨才能参加战斗，所以党卫军第12装甲师和希特勒青年团必须攻击加拿大第3步兵师，以阻止他们前进，占领卡皮克的机场。在接下来的一周内，加拿大第3步兵师与德国人打了一场恶仗。6月7日，第21装甲师和党卫军第12装甲师对加拿大人进行猛烈的攻击，加拿大第9步兵旅被迫撤退，盟军没能向卡昂继续前进。

卡昂自然是登陆日作战的一个目标，而在当时没人料想到，盟军最后竟然花了六个星期的时间才攻下这座小镇。在短暂的交火中，加拿大人损失了21辆谢尔曼坦克，还有7辆受损严重。党卫军第12装甲师损失9辆马克IV型坦克，还有几辆坦克受损。从表面上看，似乎德国人占了上风，但是盟军一旦有损失就能及时补上，而党卫军第12装甲师在战斗的第二天就损失了9辆宝贵的坦克，这些坦克他们却很难补上。

◎ 党卫军将军赛普·迪特里希穿上自己最好的制服，带上所有勋章自在地看着报纸，享受星期天清晨的时光。在确保诺曼底党卫军部队为德军防御提供主要力量上，迪特里希起了重要的作用

◎ 美国步兵在登陆日不幸遇难，永远地倒在了沙滩上

6 月 7 日上午，蒙哥马利将军从英格兰乘坐皇家海军舰艇“福尔克努”号来到诺曼底。他在上岸前，对指挥舰“希拉里”号做了短暂的视察。他在之前的最后动员会上曾鼓励将士，祝他们有“好的收获”。此时，有人问他这次行动进展的情况，他回答道：“很好，一切都很顺利。”

实际上，这时大家已经不再担心这次战役会失败了。很多参战的部队已经达成第一、第二甚至是第三步目标了，有不少部队已经把前线向前推进到离海岸 6 英里至 8 英里的距离，接下来就需要后援部队的快速跟进。

英军突击队和美军特种兵在作战中取得了惊人的战绩，尤其有支皇家海军突击队取得了非凡的战功。他们要夺取贝桑港，这个港口位于抢滩登陆的中心地区，位置十分重要，而德军在周围设了三个坚固的防守阵地。按计划，海军突击队要在勒阿梅尔登陆，但是他们的舰艇一靠岸，就遭到位于隆戈的德军炮台的猛烈打击。他们不得不向东迂回一英里。就在他们试着登陆时，他们的五艘突击登陆艇触到了鱼雷，被炸沉了。掉入海中的突击队队员奋力游上岸，带着抢救回来的武器，跟其他队员一起向内陆挺进。一些失去武器的突击队员，从德军手里夺过武器，通过雷霍盖特，向拉霍瑞进发。在那里他们遭遇了德军迫击炮猛烈的打击，但是他们摧毁了德军的迫击炮和几个机枪据点。每名突击队员都带着武器和迫击炮弹，重量都有四分之三英担（1 英担约 50.8 千克），但是为了节约时间，他们决定背负这些装备，徒步穿越道路崎岖的野地，往目标进发。

负重行军 10 英里后，他们看到了目标，也碰巧看到陆海空三军在攻击这个港口。这个小港口的德军，既要应付盟军空军的轰炸，还要躲避从海滩上和海中发来的炮弹。但是因为他们有坚固的混凝土修筑的阵地，所以当突击队员攻击这些阵地时，还是遇上了德国人顽强的抵抗。在交火过程中，德国守军展开了两次反攻，夺回了阵地。突击队又组织起第三次进攻，德军才放弃抵抗。突击队与美军部队会合，盟军在诺曼底终于形成了完整的战线。

第九章　德军坚守卡昂

盟军与党卫军第12希特勒青年团在卡昂激烈交火，他们很快就意识到，不经历一场苦战，德军绝对不会放弃卡昂。6月8日，蒙哥马利写信给英国军事行动指挥说：“德国人拼命坚守卡昂。我决定不直接攻击这个小镇，以免带

◎ 卡昂是诺曼底地区重要的交通枢纽，这是德国防御阵地的东部堡垒。1944年诺曼底登陆之初，盟军与德军在此猛烈交火。7月9日，盟军夺取卡昂北部地区，而南部地区在7月18日才被攻下。在地面和空中炮火的打击下，这座城市成了一堆废墟。图中是1944年7月的圣皮埃尔教堂

诺曼底战场

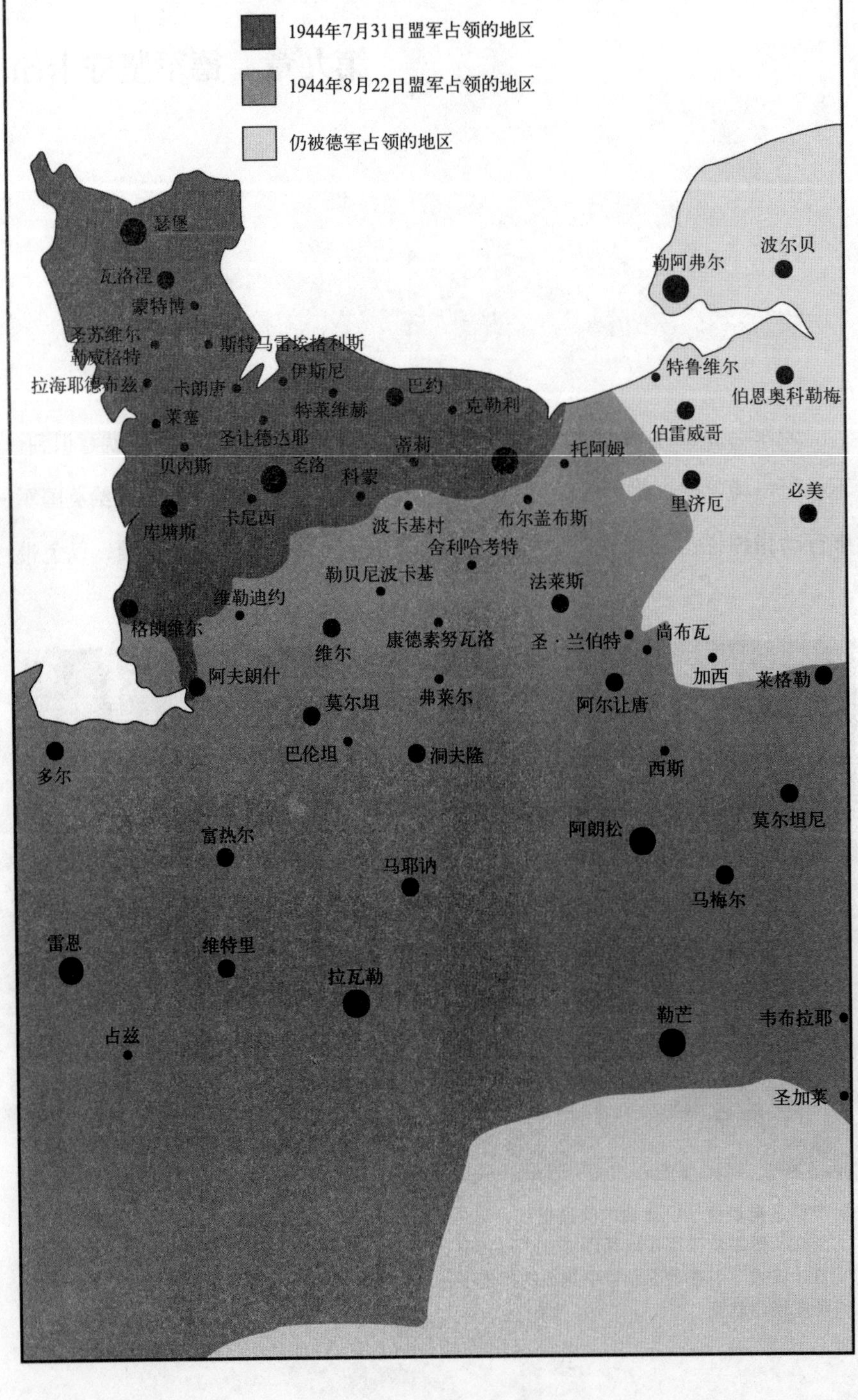
1944年7月31日盟军占领的地区
1944年8月22日盟军占领的地区
仍被德军占领的地区
瑟堡
瓦洛涅
蒙特博
圣苏维尔
勒威格特
斯特马雷埃格利斯
伊斯尼
拉海耶德布兹
卡朗唐
巴约
克勒利
特莱维赫
莱塞
圣让德达耶
蒂莉
贝内斯
圣洛
科蒙
卡尼西
库塘斯
波卡基村
布尔盖布斯
舍利哈考特
勒贝尼波卡基
维勒迪约
格朗维尔
法莱斯
康德素努瓦洛
维尔
圣·兰伯特
尚布瓦
阿夫朗什
加西
莫尔坦
弗莱尔
阿尔让唐
巴伦坦
洞夫隆
西斯
多尔
富热尔
阿朗松
马耶讷
马梅尔
莫尔坦尼
雷恩
维特里
拉瓦勒
勒芒
韦布拉耶
占兹
圣加莱
勒阿弗尔
波尔贝
特鲁维尔
伯恩奥科勒梅
伯雷威哥
托阿姆
里济厄
必美
莱格勒

来过多的伤亡。我命令第 2 军团对卡昂持续施压，并主攻波卡基村。”

诺曼底战役之后，波卡基村成为世界闻名的地方。尤其是党卫军第 101 重装甲营在此和英军打了一场遭遇战，更是让波卡基村声名大噪。6 月 7 日，该重装甲营接到命令从布维出发，要在两天内，即 6 月 9 日，到达 250 千米外的卡昂战区，但是这根本不可能。结果该营第一批部队于 6 月 10 日赶到了战区。6 月 11 日，在党卫军黑豹坦克和加拿大谢尔曼坦克的对垒中，加拿大损失了 34 辆谢尔曼坦克和 3 辆萤火虫坦克，而德军只损失了两辆黑豹坦克，还有一些坦克严重受损。从此也可以看出，德军在装甲上有着巨大的优势。不过，盟军拥有数量众多的坦克，再加上空中支援和猛烈、精准的海军炮火，弥补了他们在装甲上的劣势。尽管如此，要想赢得胜利，盟军还需要与德军打上几场硬仗。

当时，卡昂方向的德军抵抗最顽强，因此就有了后来的卡昂血战。左翼的英国空降部队作战勇猛，他们迅速夺取了桥梁、运河水闸等设施，使得德国哨兵根本来不及在这些设施上放置炸药把它们摧毁。

一开始，法国人对盟军队伍的到来反应很冷淡。由于盟军要轰炸德军的防御阵地，许多居住在诺曼底沿海的法国人不得不忍受震耳欲聋的爆炸声。他们被炸得头晕目眩，惊恐不安，自然十分愤怒。因此，他们一开始很冷漠，而那些要忍受盟军炸弹袭击的人，甚至仇视盟军。不过在登陆日之后的第三天，明显能看到法国人心中涌起了新的希望。

他们明显地看到这次战役带来的不再是德军的报复，而是解放！法国人满含着泪水表达自己的激动之情，在诺曼底各处悬挂起绘有洛林十字架的法国国旗。

盟军供给源源不断

在海军登陆指挥官的监督下，盟军一批批士兵和补给源源不断地到达诺曼底海滩。DD 两栖坦克像一条永无止境的带子，从海里驶上岸，将人员和物资送往内陆前线，之后又从另一条路回到在海湾停泊的船上。

盟军早将第一批运送到的旧坦克和旧船沉入诺曼底的近海，为成百上千艘小型舰艇修筑起“醋栗”避风港。这些避风港保护舰艇，躲过了之后几天海上刮起的狂风巨浪。而且盟军也开始修筑“马尔伯里”码头。他们在英格兰把码头所有部件都打造好，然后拖到诺曼底组装。每只混凝土沉箱有 6000 多吨重，盟军总共准备了 150 个沉箱，这些箱子都要放在预定的位置上。尽管为美军准备的“马尔伯里 A”码头需要的物资没有预计的多，但是并没有完全完工；在阿罗芒什为英军准备的“马尔伯里 B”码头经常每天要处理 9000 多吨物资，比原先预计的高出两倍。而早在“马尔伯里 B”码头启用前的几星期，盟军部队在空军的护卫下，已经在诺曼底海滩奇迹般地完成了大规模集结。

仅仅在诺曼底登陆的前三天，就有 38 支护航舰队，总共 743 艘船只和主要登陆艇，满载着物资和援兵穿越英吉利海峡来到诺曼底，加入海滩部队。这里面当然不包括先遣队。每支海滩部队都有负责从船上搬运物资的装卸队、战地急救站、皇家陆军医疗部队在海滩的急救站、先锋队、清除垃圾的皇家陆军军需部队和补给与运输勤务队海滩分队、皇家新号部队分队、陆军调遣分队的军官和人员。海滩部队的每一个独立分队都进驻一个皇家空军小队，为大家解决与空军有关的问题。

6 月 19 日，海上开始刮起了大风，盟军在海滩上所有卸载的工作全部暂停。大风直到 6 月 23 日才开始平息。尽管如此，盟军远征军在进攻开始后第三天，就没有动摇必胜的信念。第十天，总共有 50 万盟军战士和 77000 辆车在诺曼底登陆。到 7 月底，数字分别攀升至 160 万人和 34 万辆，此外有 170 万吨物资被运送上岸。

海滩部队需要清理海滩以及附近的内陆地区，方便部队登陆集结。对海滩的清理是盟军建立通信和补给线路的第一步。海滩部队的责任包括有秩序地引导舰艇靠岸，将所有物资储备、人员车辆带上岸，管理后方部队的行动，将伤员和战俘安排运回英国，部署高射炮和探照灯以保护海滩和近海船只的安全。海滩部队在先遣突击队到达诺曼底前，就已带着工兵到这里，做集结的准备工作。盟军持续向海滩运送物资，直到夺取了诺曼底的港口后，才开始转向港口运送部队和物资。

夜晚，德国飞机经常飞到海滩上空投掷炸弹，但是造成的损失很小。白天，盟军的战斗机巡逻队一直在守卫着海滩，所以德国飞机很少出现。在一次所谓的战斗中，盟军击落了 6 架 FW190 战斗机，自己却没有丝毫损失。

绝望中的德军，企图派停泊在瑟堡和勒阿弗尔港的战斗力相当强大的鱼雷快艇突进盟军的停泊区。盟军的小型舰只抓住机会，快速出动，重创了德国军舰，将他们赶出瑟堡港。仅仅一个晚上，盟军发动了七次小规模的海上行动，给德军造成了严重损失，但是己方的损失却极小。

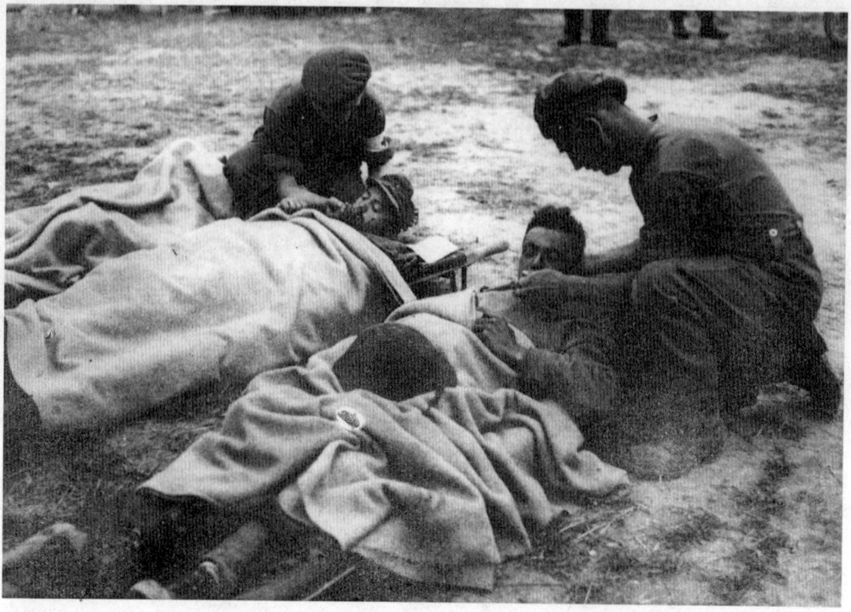

◎ 受伤的德国士兵和英国伤员肩并肩躺着接受照料。很明显发表这张照片是为了宣传，但是也暗示了西线的诺曼底战役没有东线战场上的战争那样残酷。虽然之后有些党卫军士兵被判为战犯，但是这场战争规模之大，参战人数之多，相比而言被判为战犯的人数非常少

◎ 在甲壳虫基础上改装的桶车虽小但是十分坚固，是德军常用的军车

登陆日之后一星期不到，就在6月12日，首相丘吉尔登上诺曼底海滩，和蒙哥马利将军一起慰问广大战士。“和其他很多指挥官一样，他坐在DD两栖坦克上转了一圈。然后从这个巨大的船型车上下来，嘴里还叼着一根雪茄。陪同他慰问的有史末兹元帅和时任英帝国总参谋长的元帅艾伦·布鲁克爵士。所有士兵热烈欢迎他们的到来。丘吉尔手竖起两指，做了一个胜利的姿势，这激发了士兵极大的热情。”

就在丘吉尔首相准备离开诺曼底启程回英格兰时，德国空军罕见地在白天发起了空袭。但是他们投掷的炮弹都掉落到海里，没有造成人员伤亡。之后喷火战斗机把他们赶进了内陆地区。

那时，美军在西路牢牢地牵制住了德军，英军在卡昂前线的作战方案业已形成。但是，战场上还需要士兵、大炮和坦克，所以英国和美国海军不敢懈怠，继续向诺曼底运送人员和物资补给。

◎ 德军的6膛火箭发射器威力巨大，这种多管火炮能在短时间内发起致命的炮击。在诺曼底，这种武器给盟军带来非常大的伤亡

第十章　不准后退!

没有哪场战争会完全按照战前计划发展，但是盟军的所有指挥官，包括蒙哥马利将军在内，都认为只要抢滩登陆成功，盟军士兵安全登陆，他们就能稳步向内陆推进，而德军会在盟军的强大攻势下，步步后退。但是实际情况却没有想象中那么顺利，这其中原因很多。不过最主要的原因是，6月11日，阿道夫·希特勒命令部队“不准后退”。德军最高指挥层在听到这项命令时，一定十分害怕，因为就是这样的命令使德军在北非和苏联蒙受了巨大损失。

希特勒颁布“不准后退”的命令时，盟军只向内陆推进了几英里。德军只集中装甲部队对付英国军队，却没有去对付美国军队。这其中有两个原因：第一，如果德军可以组织起反击的话，东路是最佳的集结装甲部队攻向海滩的地方；第二，英军和加拿大军队一直在持续攻击卡昂的两侧，对诺曼底防线的威胁最大，所以德军把这里看作是最危险的地方。

这就造成了德国装甲部队集中攻击英国和加拿大部队的情况。后来，蒙哥马利和他的参谋们顺势改变了作战计划，让英军在东路牵制德国装甲部队，美军则在西路寻找诺曼底防线的突破口。不过值得注意的是，依照蒙哥马利的计划，盟军应该能夺取更多的内陆地区，但实际情况并非如此。

在登陆日的空袭中，诺曼底海岸的德军炮台要么被压制住了火力，要么失去了战斗力，所以他们的抵抗没有预计中那么猛烈。前面已经说过，盟军在科唐坦半岛的登陆出人意料得顺利，但是糟糕的海况和海滩上不计其数的障碍阻挡了他们在圣劳伦地区卡朗唐河口东部海滩的登陆。向东直到奥恩河地区，德军对盟军的抢滩登陆也只是做了零星的反抗，但是盟军在向内陆地区前进时，遭到了猛烈的反抗，东路其他地区也是如此。随着德军后备部队开始行动，他们的抵抗越来越顽强。

◎ 盟军最高指挥部希望诺曼底的德军边打边向东撤退。希特勒命令军队坚守阵地，不准撤退，这让盟军始料未及。因此盟军花了很长时间才将德军引进法莱斯的包围圈

德国军队指南

摘录12

撤退中的德军

……德国人只有在用尽一切办法无法取得胜利后，才会被迫选择撤退。他们撤退的目的是让己方与敌军保持一定的距离，使己方部队能有序地撤退，而且能在后方占领新的阵地。

掩护部队

德军通常会从距离敌人最近的部队中抽调整支战术部队或几支分队作为掩护部队。这些部队的任务是迷惑敌人，让他们相信主力部队还坚守着阵地。工兵会在阵地前或阵地里布置更多的障碍、地雷以及诡雷。德军会部署一些大炮和重型步兵武器支援掩护部队。尽管任务完成就意味着他们要损失大炮，他们也会尽量保持原有的火力，以达到欺敌的目的。掩护部队的防区范围通常很广，一名指挥官难以进行有效指挥，所以会有多名指挥官参与，不过他们的行动协调，配合默契。根据具体的命令，掩护部队会持续与敌军交战直到敌军开始前进，或是跟随大部队一起撤离并与其保持一定的距离。

与敌军的距离拉大后，后退的队伍组成纵队行进。

后卫部队

在可能的情况下，一个师会分两部分平行撤退。最年轻的部队殿后，作为后卫部队。因为后卫部队不会得到撤退的主力部队的支援，所以他们的战斗力必须较强，一般由步兵单位组成。 一般来说，野战炮兵会随着主力部队撤退，不会参与后卫行动。后卫部队一般配有自行火炮、重型步兵支援火炮，甚至还有榴弹炮和坦克。一个师的后卫部队一般由一个步兵营组成，配有侦察分队以保护他们的两翼，还有工兵分队负责埋置炸药。

◎ 盟军炮火下趴在地上的德国掷弹兵

后卫步兵营通常只派一个步枪连承担后卫作战任务。如果营队的三个步枪连战斗力都差不多，就轮流执行这项任务。如果地形条件比较差，就会部署两个连队共同执行后卫任务。整个后卫部队会分配到两门以上的反坦克炮、自行炮或重型步兵炮，以支援在最后的步枪连。如果敌军攻势很猛，一个步枪连抵挡不住，剩下的两个步枪连会顶上去，用剩下的武器抵挡敌人的进攻。德军用这种交替作战的方式抵挡追兵，一直坚持到天黑，然后停止战斗，恢复原来的编队形式。

后卫部队迅速撤退到阵地上。这些阵地是他们精心选择的，但是并不是已经建立好的阵地。阵地工事的准备情况取决于追兵的距离、每块阵地守卫的时间和连长或排长的命令。在撤退的每个阶段，后卫连连长可以命令连队撤退到主后卫阵地，但是只有主力部队的指挥官才有权命令后卫部队从主后卫阵地撤退。德军对后卫部队撤退的速度也有规定。如果从某一镇子撤退，后卫部队向后退的距离每天不得超过 3000 码。

根据经验，在有些乡村地区，一个后卫加强连可以牵制住敌军优势兵力，战线甚至可延伸至 3 英里。比如德军某一装甲师在从沿河的一个防守阵地撤退时，部署一个装甲掷弹兵营作为后卫部队。负责掩护该营的是一个拥有几辆坦克、四门步兵炮（其中两门是自行火炮）和一些中程榴弹炮的步枪连。他们的坦克主要用来掩护步枪队的撤退。在德军的另一次撤退行动中，一支类似的后卫部队装备的是重型迫击炮。德军利用这些迫击炮以及四辆坦克来掩护步兵的撤退，而且这些坦克还可以把迫击炮运到了下一个阵地。

装甲师的装甲侦察营拥有高质量的装甲和强大的火力，尤其适合承担后卫任务。在地形有利的地方部署装甲侦察营时，德军会将伪装好的半履带装甲车部署在树林里、平缓的脊坡上，或者长满高大庄稼的农田里，然后用所有武器对敌军实施近距离打击。此时，半履带装甲车会趁乱开进敌军中对他们实施打击。在击退敌军后，后卫部队再转移到下一个预备阵地……

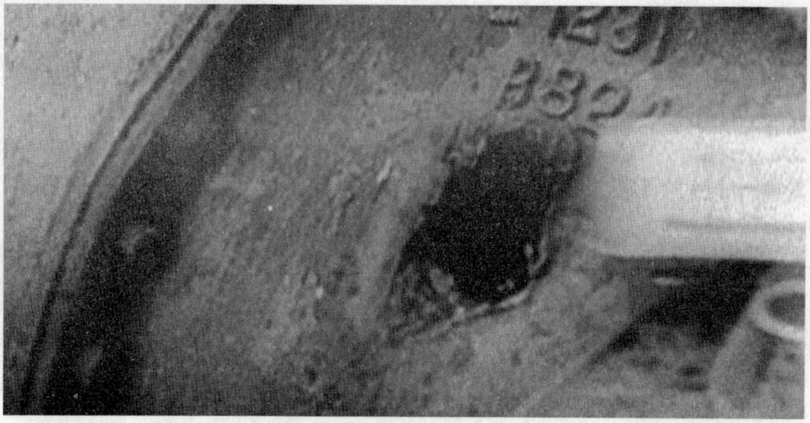

◎ 这是德军新闻影片上截取的画面，显示了铁拳火箭炮在近距离射击的巨大威力。画面中显示的是铁拳火箭炮击穿谢尔曼坦克正面装甲留下的洞。这发炮弹的发射距离应该在50码以内

到6月6日夜晚，抢滩登陆师团的先遣队已经向拜辛港东西两面的内陆前进了几英里，盟军占领了圣马丁、圣劳伦、科勒维尔、阿罗芒什、莱耶斯、克勒利、泰勒维耶、郎维尔等地。美军空降部队占领了斯托迈赫埃格里斯。盟军还建立起25英里宽的滩头阵地，并很快把它与西边的据点连接起来，形成了统一的战线。这样，美军在右翼的科唐坦半岛和维尔河东部，加拿大和英国军队则在左翼，形成左右两翼的攻势。

盟军的滩头阵地逐步扩大。英军在7日攻下巴约后，一支装甲部队向波卡基村方向突进，夺取了蒂莉素瑟勒南边（在巴约东南8英里）德军防守的突出阵地。此时，东路的英军向前挺进，距离卡昂不到三英里，西路的美军深入到科勒维尔南部五英里的地方，渡过了特雷维耶东边的奥尔河。9日盟军占领卡瑞登东部六英里处的伊斯尼，并夺取西边有利地形，与科唐坦半岛的据点连成一条阵线。12日早晨，美军占领卡瑞登，并在第二天攻入蒙特博。但是在

◎ 波卡基战役中，德国军官检查盟军车辆的受损情况

德军猛烈的反攻下，他们被迫放弃卡瑞登，直到6月19日才最终夺回这个遭到严重毁坏的小镇。

在所有战线上，双方都投入了装甲部队展开激烈的厮杀，很多重要的阵地都几经易手。

康沃尔公爵轻步兵团第5营之前从来没上过战场。坦克在他们之间来回穿梭，士兵们分散各处。我努力地寻找他们的营部，而他们把营部设在了一户农家庭院里。几经辗转，我终于找到了营部，不过就在进营部之前，我碰到了一名中士。他躲在战壕里号啕大哭，因为他手下的人都牺牲了。我心里诧异不已，这些中士在平时训练的时候表现十分勇猛刚强，但是上了战场，怎么却哭得像个孩子似的。我希望他能挺过去，习惯战场上

◎ 英国重炮部队的士兵在晚上行动，为前线步兵提供火力支援。盟军在火炮上的优势为取得诺曼底战役的胜利起了重要作用

发生的一切。也就是这头一次遭遇会让他伤心吧，很显然，他是个好军官，十分关心自己手下的兵。

进了营部，营长告诉我路那边100码的灌木丛中，有些士兵被德军杀害了。他说："你能不能去给他们准备个葬礼。"我和另一名士兵去了那个灌木丛，把那些士兵身上的东西拿掉，翻出他们的名牌，把他们放进麻袋中，准备埋葬。我认出其中一位是我的朋友，我们在离开皇家沃里克郡团的时候就成了朋友，现在我却要为他举办葬礼。这是我在诺曼底战役中的头一次遭遇，看到自己的朋友牺牲了。

营长牺牲了，他爬上树侦察地形的时候，被德军狙击手击中身亡。一时间队伍有些混乱。我和其他12名战友在那待了三天，其实原本我们只需要在那待一天。我不知道自己是怎么逃过德军的子弹的。康沃尔公爵兵团参战的600名士兵，到最后只剩下25人，可想而知这场战役是多么惨烈。在他们牺牲的这座山头上埋了近100人。我们当时面对的是德国虎式坦克。所有的德国坦克，包括黑豹坦克，行进时都悄无声息，十分诡秘。

◎ 战俘营里的德国俘虏排队领取食物。从照片中可以看出诺曼底战役开始时，盟军抓获了大量的德国战俘

◎ 在波卡基村战役中，一辆谢尔曼坦克被炮弹击中起火

我想他们之所以给这些坦克取名为虎和黑豹，就是因为它们在行动时不发出一点声音。它们偷偷地接近你，在它们突然出现的时候，你都还听不见它们的声音。但是我们的丘吉尔（坦克）和谢尔曼（坦克）呢，在一英里以外，就他妈的吵死人。丘吉尔（坦克）更讨厌，晴天扬起大片的尘土，雨天把地搅得稀烂，我们跟在后面的步兵经常陷进泥里。不过，我们很喜欢谢尔曼坦克，因为它能用链条清除地雷，所以给我们装配这样的坦克，我们十分感激。而且它还可以喷射火焰，消灭德军的狙击手。他们的狙击手都躲在散兵坑里，只有喷火才能把他们赶出来。被火烧死肯定很惨，不过也应该就是一瞬间的事情吧。

在卡昂地区，德军的抵抗尤其顽强，但是他们并没有组织起联合反攻。部分原因是德国装甲师的步兵部队一到达阵地，就必须立即加入战斗，没时间做部署，而且盟军空军大力破坏他们的通信设施以及法国国内武装部队的袭扰，拖慢了德军增援的速度。结果，德军军队集结的速度远慢于预期，他们没有足够的步兵力量守住阵地。

英国的坦克和步兵强力挺进，在6月13日夺取了波卡基村，但是这一小小的胜利引发了德军残酷的反扑。

德国军队指南

摘录13

退出战斗

……德军会因为下列某个或多个原因而退出战斗：目标已达成；需要这支部队或其中一部分投入另一战线的战斗；继续战斗并不能获得胜利；马上就要被打败。在进攻时耗尽所有也未能达成目的的时候，德军会转攻为守，作为退出战斗的第一步。如果需要在后方持续进行防守，德军会事先仔细谋划不与敌军交锋、撤退、继续防守等步骤。他们会在后方准备好阵地，以接纳退回来的部队，在经历一场恶战时，尤其如此。他们会与邻

◎ 德国掷弹兵在烟幕的掩护下发起攻击。他们经常用烟雾掩护部队转移和撤退

近的部队合作，协同组织撤退，保存撤退部队的凝聚力是他们工作的重点。

德军在撤退时，后卫部队尽量长时间保持原有火力，让敌军以为他们依然在坚守原有阵地。因为在白天撤退，德国军队会遭到盟军空军和装甲部队的猛烈打击，所以他们会等到天黑才会实施撤退行动。晚上，德军从前线撤离，尽量沿直线向后撤到适合打阻滞战的地带。如果形势逼迫他们要在白天撤退，他们会分单位，并与邻近单位配合行动。

命令

德军连长按照以下步骤指挥部队撤离：

总述：

- 将物资、弹药运输车和设备撤离
- 侦察并标明撤退路线

详细说明：

- 向掩护部队下达作战命令（侦察分队、重型支援武器、医疗人员、步兵战车及工兵）
- 向步枪排和重武器排下达撤退方式、时间及行进命令
- 集结区域
- 连部所在地……

◎ 穿着迷彩服的德国士兵被美国步兵俘虏。德军狙击手一般穿这种迷彩服，这名年轻人真是死里逃生

第十一章　鲈鱼行动

波卡基村周围地形恶劣，所以很快就获得了“绿色地狱”的恶名。诺曼底大部分乡村地区一直以来都很漂亮，田地像棋盘一样错落有致地分布着，中间有高高的田埂隔开，田埂上竖着篱笆。这样的美景中星罗棋布着中世纪就建成的村庄。村庄里教堂的塔顶高高地矗立着，还有一些中世纪时作防御之用的坚实农舍。这些便形成了独特的由人造建筑和自然地形组成的防御体系，沿着田地的长长的沟渠是绝佳的通信通道。波卡基村，在法语中的意思就是灌木丛村庄，它为德军的防守提供了极大帮助。

在波卡基村，人们很容易迷路。因为盟军对大炮和空中力量的依赖极强，不仅要依靠它们突破敌军的防线，也要依靠他们降低自身的伤亡，所以他们难以对敌人实施精确的火力打击。皇家炮兵队侦察兵应该能根据自己的位置以及炮弹真正的落点来调整火炮角度。如果是这样的话，这不失为一个判断位置的有效方法。

用最简单的话来说，在波卡基村的战斗耗费了大量的时间和人力。村庄的田地一块块紧紧地挨着，高高的田埂上竖着细密的篱笆，中间夹着狭窄的巷道，这正是德军所需要的完美的防守阵地。诺曼底各处可见的坚固的诺曼式农舍、村庄通常都有地窖，德国士兵可以躲藏其中。盟军自然需要花很多时间，也要付出很大代价才能将德军以如此坚固的防守阵地逼出来。

从根本上说，要通过德军在灌丛地区的防守阵地，唯一的方法就是从空中以及地面对德军阵地实施大规模火炮打击。前线阵地一松动，盟军部队需要判断德军重点防御的后方阵地在哪里，之后沿着篱笆墙实施突破。在战役过半的时候，美军带着前方装有犀牛角形设备的坦克来支援，这种坦克能直接冲破篱笆，省去不少麻烦。但是这仍然是一场漫长的苦战，像太平洋上的丛林战，又像一战时的堑壕战，所造成的伤亡一样巨大。英军在诺曼底的步兵损失率和一战在索姆河战役及帕斯尚尔战役中的一样多。值得注意的是，盟军即使发起一轮强大的攻势，也只能往德军阵地里推进两三千码，而德国人在进行反攻之后，盟军又回到了原点。德国人也遇到同样的问题，他们组织起的反攻不能把盟军击退很远。因此，无论谁占据了灌丛地区，谁就占据了有利的地形。不过随着战斗的继续，德国人失去阵地之后，就再也没能力收复了，盟军就这样一步步地蚕食德军的阵地。

◎ 死去的德国掷弹兵趴在被战火摧毁的法国小镇的废墟上。虽然盟军伤亡很大，但是在这个时候，德军根本弥补不了自己所受的损失

德国军队指南

摘录14

移动钢铁堡垒

……德军还有移动钢铁堡垒（见下图1、图2），堡垒里有一挺机关枪和两名士兵。堡垒上下两部分焊接在一起，上部有射击孔、武器、通风孔和入口。各部分钢铁的厚度不一，射击孔部分为5英寸，两侧及顶部为2英寸；下部只有0.75英寸厚，但是在阵地上全埋在地下。

整个堡垒重达6955磅，这还不包括武器和弹药的重量。射击孔分成两部分：底下放枪筒，上方让枪手瞄准。机关枪左右扫射的角度为45度。机枪手可以从碉堡里面遮上射击孔。碉堡的门在上部后方，大小为20英寸×23英寸。从右边的照片里可以看到门是掀开的。在上部还有两个放潜望镜的开口，每个座位上方一个。

碉堡里有一个踏板带动的鼓风机，让里面通风。碉堡两旁的通风孔可以插一根轴，轴两头安上轮子，就可以让碉堡倒转过来。在使用碉堡时，德军会给它伪装，使它融入周围的环境，不易被察觉。

◎ 图1

◎ 图2

◎ 在波卡基村的德国掷弹兵用树叶伪装自己。他双手拿的反坦克武器在近距离范围内具有极大的杀伤力，非常适合在灌丛地形下作战

所有到灌丛地区北部的人都面临着同样的问题，篱笆树在……那什么……土墙上。坦克在试着爬过这些土墙时，就暴露了自己的底座。德军坦克上的装备很厉害，能推动这些墙，把它们挪走。所以我认为在这里打装甲战是非常非常困难的，相比而言进行步兵防御战更容易。在这里组织进攻简直就是一场噩梦。

前面已经说过，蒙哥马利决定在有可能的情况下绕过卡昂，向波卡基村进发。就在这里，德国党卫军第 101 装甲营的虎式坦克一战成名。德国最有名的坦克指挥官、最伟大的装甲军指挥米歇尔 · 魏特曼参加了这次战役。他的部队在东线苏联战场上给苏联军队造成了无数伤亡，他们的虎式坦克摧毁了大约 120 辆苏联战车。此时，英国军队计划绕到德军装甲教导师后方，包抄卡昂地区，这一行动代号为“鲈鱼行动”。但是英军并不知道有 14 辆德国虎式坦克正在波卡基村附近虎视眈眈地守候着。

◎ 1944年8月，在鲁昂的德军运输设备遭到英国皇家空军空袭后的场景

◎ 英国丘吉尔坦克隆隆驶过变成废墟的法国村庄。旁边被毁的是德国马克IV式坦克，坦克前面是被炸飞的坦克炮塔

德国军队指南

摘录15

反坦克防御工事

……德军在修筑防御阵地时，注重修建障碍物和反坦克防御工事。在有可能的条件下，他们会选择有利于阻止坦克前进的地形，并改造如陡坡等天然的坦克障碍物。德军最早是在主防御阵线前修筑反坦克沟，但是在作战中他们发现这些壕沟成了敌人绝佳的进攻阵地，而且还暴露了主防御阵线。因此，现在德国人通常在主防御阵线和炮兵阵地之间修筑反坦克沟。这些沟都相通，敌人的坦克不能越过这些壕沟开进防守阵地。他们在所有的交通要道都修建了吊桥，在最短时间内就能放下，以方便友军机动部队通行。

德军很清楚只有在炮火的掩护下，他们修筑的障碍物的功能才能得以充分发挥。因此，在反坦克沟后通常修有战壕，在此机枪和反坦克炮能为所有反坦克工事提供火力掩护。

在作战中，德国人还了解到在阵地前布置密集的地雷不足以阻挡敌人的坦克，因为敌人在大规模进攻前，通常会从地面或空中对进攻阵地进行

◎ 指南中的一幅插图描绘了用作反坦克的88毫米高射炮。图中盒子里装的是庞大的88毫米炮弹

集中轰炸，削弱了雷区的杀伤力。所以他们将大部分地雷部署在主阵地，只将少量地雷分散埋置在主防御阵地前面。他们尤其注意将地雷埋在公路上。德国人还在撤退路线上准备埋雷，如果时间不允许埋置真雷，他们会用教练雷。

德国人设置的坦克障碍多种多样。他们还将静态火焰喷射器安在地上。它们通常被成对安置在其他反坦克障碍附近。当敌军坦克进入射程内时，躲在隐蔽处的士兵就会启动喷射器，向坦克喷火。

德军反坦克炮大部分设在阵地深处，也有一些在前沿阵地。它们一般安在地下，十分隐蔽，目的是防止敌军在进攻前发现它们的位置以及火力大小。在部署反坦克炮时，德军喜欢将它们安在纵射阵地或者反斜坡上。他们通常在每个阵地上部署两至三门反坦克炮，以保护它们免受步兵轻机枪的攻击。德军反坦克炮的射程因火炮口径和所在阵地的不同而不同。虽然单门反坦克炮的射程有时能达到1000码，但是反坦克主攻部队会等到敌军坦克离自己150码—300码时，才会开火。反坦克分队近距离配合反坦克主攻部队对敌军坦克实施打击。一旦击退敌军坦克攻击，德军会将反坦克炮挪往预备阵地，以免遭受攻击。

◎ 88毫米炮上的瞄准器。德军的光学器件优于盟军，德国军工业也因此而闻名

◎ 88毫米高平两用炮

德军强调，烟雾对击退敌军坦克的攻击有极大帮助。所以他们将烟幕弹射向敌军第一进攻梯队后面，距主攻部队三分之一处。这样德军就避免了阻挡己方反坦克炮炮手的视线，使敌军坦克得不到后方的支援，又能让己方人员看到它们在烟雾中的身影，方便打击。德军还利用进入坦克的烟雾，把里面的敌军逼出来。

为了包围在卡皮克顽强抵抗的德军，蒙哥马利派出了作战经验极其丰富的绰号为“沙漠之鼠”的第 7 装甲师，于 6 月 12 日开始大范围清扫卡昂南部的德军。

发生在 6 月 13 日 － 14 日的波卡基村之战，对垒双方是英国第 7 装甲师主力和在人数上处于劣势的德国军队。即使是现在来回顾这场战役，我们也很难相信拥有少量武器的米歇尔 · 魏特曼的部队在 6 月 13 日竟然能完全阻挡英

◎ 瑟堡港口争夺战后，瑟堡街道上横七竖八躺着的德国掷弹兵的尸体

国第 7 装甲师前进的步伐。当米歇尔 · 魏特曼的坦克出现在英国人面前，干掉了一辆后卫坦克，驶近英军装甲纵队 50 码，摧毁他们的坦克时，英国人正在休息。魏特曼继续向波卡基村进发，在那里摧毁了三辆斯图尔特坦克。在镇子中央，魏特曼的坦克被一门反坦克炮堵住，他和坦克上的士兵想方设法穿过田地，回到距离波卡基村北部七千米外驻扎在奥尔布瓦斯的装甲教导师总部。他向师部指挥官报告了在波卡基村英军的情况，之后带领十五辆 IV 式坦克攻击波卡基村。

魏特曼利用 IV 式坦克在波卡基北部建立起拦阻阵地，和英军交火。在那一天，英国人损失了 20 辆克伦威尔坦克，4 辆谢尔曼萤火虫坦克，3 辆斯图尔特坦克，16 辆运兵车，14 辆半履带装甲车，两门发射六磅炮弹的反坦克炮。英国第 7 装甲师在波卡基村战役的失败，表明盟军彻底失去了将诺曼底战役变

◎ 英国士兵在被毁的法国小镇的废墟中小心行走

成一场运动战的机会。在盟军的计划中，他们希望诺曼底战役是一场运动战。从这个角度来说，由于英国军队总指挥巴克纳尔中将反应迟钝，缺乏灵活的具有前瞻性的战略部署，未能及时增援在前面的第7装甲师。不然第7装甲师在遇挫后，还能从侧翼及时包围德军在诺曼底的阵地。这次战役明显地反映了英军指挥官对军队的指挥和控制，尤其是个人对军队指挥和控制的不足。英国人之后撤退到科蒙东部的高地，在这里的美军已经将他们在圣劳伦地区的滩头阵地向内陆推进了20英里。

美军前线

参加诺曼底战役的美军，他们的主要目标是封锁科唐坦半岛，同时增强半岛南部盟军的力量以牵制德军，防止他们派部队增援北部被包围的友军。美军在6月15日主力部队进入圣苏维尔勒威格特（16日攻下）前，进展都很缓慢。此后，德国人的反抗日渐疲软，因此美军18日攻占半岛西岸的巴里维耶素梅尔。

德国军队指南

摘录16

阻滞战斗

……德军对阻滞行动和阻滞战斗有明确的划分。阻滞行动指的是较高指挥层为阻止敌军前进制订的整体计划，而阻滞战斗是级别较低的队伍执行这一计划所采取的措施。

阻滞战斗的目的是使德军主力退出战斗，有秩序地撤退，建立新的防御阵地。所以阻滞战斗就是要想方设法欺瞒敌军，不让他们知道德军真正的实力、部署和意图，防止敌军阻击或追击主力部队。这些战斗都由后卫

◎ 使用MG43机关枪的德国掷弹兵。德军于1942年开始使用这种型号的机关枪，这种机关枪开火速度快，对盟军来说是不小的威胁

部队、特殊战斗群、据点守军等拥有强大自动火力和高度机动性，但又占用人员不多的队伍负责。

德军不仅在主防御带也在其他防御战线上开展阻滞战斗。各条防御战线间距离比较大，敌军从一个炮兵阵地只能打击一条战线，所以他们在攻破一条战线后，必须重新部署火炮，才能攻打下一条战线。德军一般将防御战线建立在面向敌军的斜坡上，以方便停火并悄悄地撤离。只有在敌军发动进攻时，德军才会分成小队在防御战线前与敌人拼死战斗。如果德军确定敌军准备开展大规模进攻，他们会及时撤离，以免让大部队暴露在敌军的集中炮火下。前方部队在紧急情况下会使用烟幕弹帮助自己逃跑。步枪队掩护重型武器快速撤离。后卫部队利用每一次机会发起反攻，以打击奋力向前冲锋的敌军。

在敌人进行主攻时，只要他们进入射程范围内，德军就会开火。但是他们会允许敌人的侦察部队靠近，然后集中力量一举将这些人消灭。

除非敌军即将侵入防御战线，不然德国人不会采取大规模反攻。如果敌军侵入防御战线，后卫部队主力会采取反攻，击退敌军，以完成掩护机动部队分批后撤的任务。此外他们还会在每条防御战线前安排战斗前哨，注意敌军动向。

◎ 德国工兵在修筑混凝土防御工事

德军在阻滞战斗中用的武器主要有机关枪、迫击炮和自动武器，也会动用少量坦克。德军在撤退和阻滞战斗中所采用的最基本的原则是，与敌军持续交火，而且时刻注意敌人军队的规模、组成、行进方向以及意图。

阻滞战斗的实施

在阻滞战斗中，如果有必要，德军会部署大量火炮以及步兵支援武器，来保护大片防区。他们还会派小分队在已有的据点进行防御。

开展阻滞战斗的阵地不深。一般来说，一支战斗部队负责在防守阵地设两道战线。一个连的防区是650码—1300码长，一个营的防区是1750

码—4400码长，一个团的为4400码—6600码长，一个师的为13000码—22000码长。

德军掩护部队一般在晚上撤离防线，如果不能在晚上撤离，他们会依照如下原则行动：敌军离他们的距离不能少于他们离下一道防线的距离。部队必须抢在敌军到达他们原先占领的阵地前到达新的阵地，不然他们就会有过大的损失。

所以敌人如果继续进攻，后卫部队就不会撤退。他们会在防守的阵地上开展反攻，以保护或保留某一特殊防线，保证主力部队的安全撤离或为修筑新的防线争取时间。

德军把两条防线之间的区域叫作中间地带。对于是用火力掩护中间地带还是在那阻止敌军前进，指挥官会下具体的命令。如果后面一条防线没有完全部署好，需要时间来修筑，指挥官一般会做第二个选择。特遣队必须尽早到达防线，以保证其他防守部队能在主阵地及时部署到位。

德军对弹药的分配十分谨慎。在阻滞战斗中需要大量弹药，因为此时在长长的防线上，后卫部队要用少量的武器完成多于正常数量的火炮所承担的防御任务。弹药缺乏时，在必要的情况下，德军会规定每一块阵地上能使用的弹药量。每一名指挥都会预留一些弹药，以应付紧急情况。

德军注意利用一切方法欺骗敌人。他们不断地改变火炮和重武器的位置，让敌人以为他们拥有大量武器。他们还设置大量假阵地和伪装。

为了给独立的分队指引方向，德军还注意使用信号通信。

在山区的阻滞战斗中，德军会充分利用侦察部队和工兵队伍。他们的侦察部队一直监视敌军的先遣队和侧翼部队，还会参加部队大部分后卫战以及战斗队与敌军的交锋……

盟军要取得诺曼底战役的成功，其中重要的一点是要能夺取诺曼底附近的海港，方便盟军部队快速集结，瑟堡港则是最佳的目标。这个港口有守军

16000人，由卡尔·威廉·冯·施利本指挥。负责攻击他们的是奥马尔·布拉德利中将率领的美国第1集团军群。虽然登陆日美军在犹他海滩的战斗相对比较轻松，但是波卡基村的灌丛地形让夺取瑟堡成为一个极危险且代价高昂的任务。美国人快速穿越田野，向巴纳维尔镇进发，以封锁科唐坦半岛。美军于6月18日到达巴纳维尔镇。

瑟堡战役

美军在19日牢牢占据了蒙特博和布里克贝克后，他们离瑟堡只有10英里，但是面对的则是德国三个步兵师的兵力。美军于21日到达德军主防御阵地，遭遇到德军猛烈的抵抗。25日，美国第7兵团在空中和地面密集炮火的支援下，继续向瑟堡镇郊区渗透。同时另一支美军部队到达圣瓦斯特和巴福勒海滩，继续向另一侧翼进发。26日，盟军和德军在瑟堡展开激烈的巷战。在此期间，德军在瑟堡的指挥卡尔·威廉·冯·施利本将军和诺曼底海防指挥海军少将亨内克被俘。27日，德国海军兵工厂内最后一个据点的士兵投降，德军在瑟堡镇的抵抗宣告结束。

29日，瑟堡最后一支队伍放弃战斗，这里的所有守军最终投降。此时卡普德拉哈谷的激战还在继续，但是在这个时候科唐坦半岛上其他所有的德军都被歼灭或俘虏。

阿道夫·希特勒曾亲自向施利本发出指示：“即使你们已经走投无路，你也得坚守瑟堡的最后一个阵地，绝不能给敌人留下一个港口，只能留下一堆废墟。”施利本完成了他的任务，瑟堡被德军完全炸毁，只剩一片废墟，这样的场景着实让盟军士兵大吃一惊。

德军以“严谨”著称，他们也以这样的态度在港口布置了数量庞大的鱼雷，将大批的船沉入海中，并摧毁了所有港口设施。在通往瑟堡港口的各条航

◎ 德军在瑟堡的指挥卡尔·威廉·冯·施利本将军和诺曼底海防指挥海军少将亨内克到柯林斯将军的司令部投降。1944年6月27日盟军攻占了瑟堡最后一个据点

道上以及港口里都布置了大量鱼雷，摧毁了几乎所有的码头。在修复瑟堡比较重要的港口设施的同时，盟军很快将一些海滩作为部队和物资登陆的码头。直到 9 月，瑟堡才重新投入使用，这时战争已经往前迈进了一大步。在夺取科唐坦半岛的战役中，美军共牺牲了 1800 名士兵，伤员多达 15000 名。不过他们也俘虏了 40000 名德国士兵。之后美军继续向南进攻。

瑟堡失守后，在小镇东边七英里处守卫马培图斯机场的德军，以及卡普德拉哈谷的一小撮德军还在负隅顽抗。直到 7 月 1 日，盟军才完全掌握卡唐坦半岛北部地区。

盟军在诺曼底一站稳脚跟，就开始将废旧船只沉入海底，修筑马尔伯里港口，6 月 11 日开始启用。6 月 18 日，超半数的沉箱已被安置到位。我们之前说过，6 月 19 日从东北部刮起的大风持续了整整三天。为美军修筑的马尔伯里 A 港在大风中严重受损，最后一直没有建成，不过美军夺取了瑟堡，降低了马尔伯里 A 港的重要性。为英军修筑的马尔伯里 B 港位于阿罗芒什，因为受到卡尔瓦多斯珊瑚礁的保护，尽管大风卷起了巨浪，但是这个港口所受损

◎ 盟军战斗机从位于法国的前线机场起飞，开始行动

坏较小。不管怎样，在战役关键时刻，狂风使盟军不能在开阔的沙滩上卸载物资，而一些小且重要的物资就在阿罗芒什的马尔伯里B港口被运上了岸。即使是在天气状况最坏的那天，仍有800吨汽油和弹药及许多士兵在此登陆。大风过后天气状况依然很糟糕，因此到了7月份，盟军才能让该港口满负荷运行。这个港口的设计吞吐量为每天7000吨，但是在天气转好后，它经常每天要处理9000吨物资。直到11月份，盟军开始使用安特卫普这个大港，马尔伯里B港口才停止运作。

激烈的战斗

在英军负责的战区，战斗在激烈地进行着，但是从整体上看，战线一直没有什么变化。6月16日，英国皇家海军战列舰“拉米利斯”号轰炸了处在卡昂北部的德国装甲部队，与此同时，三艘美军战列舰为伊辛尼和卡瑞登附近的美军提供火力支持。18日，德国装甲部队又受到皇家海军“王冠号”的炮轰。这一天，盟军远征军最高统帅部宣布，德军位于霍尔盖特的炮台（兀斯特罕港东部）在受到“拉米利斯”号战列舰的轰炸后，已沉寂36小时。盟军军舰继续炮击德军军事目标。

第十二章　埃普索姆行动

“鲈鱼行动”失败后，从18日到24日，英军所在的战区沉寂了很多，没有再发生什么战斗，在这些地区的德军报告说前线相当平静。但是，德军不断出现的伤亡让他们开始失去战斗力，更糟糕的是他们没有援军补充失去的战斗力。其实，他们也想了一些办法调动增援部队，但是必须得从东线战场上抽调部队，这势必要削弱东线的战斗力。

保罗·豪塞尔率领的党卫军第22装甲兵团由党卫军第9装甲师、第10装甲师组成。6月10日他们接到命令，要从波兰赶往法国增援。但是这样大规模的部队转移需要很多时间，他们最早也要在6月25日才能到达诺曼底战场。此外党卫军警卫旗队也被从比利时调派至诺曼底参战。但是，因为缺乏燃料，而且不断受到盟军的空中打击，他们行进的过程也十分艰难，十分危险。党卫军第2“帝国”装甲师确实从法国南部赶到诺曼底，沿途对法国平民烧杀抢掠，疯狂报复法国抵抗组织对他们的袭击。

在波卡基村战役失败后，蒙哥马利决定对卡昂西部的德军防守部队展开一次严厉打击。这次行动的代号为“埃普索姆”，原定在6月23日开始行动。但是之前海上的狂风严重干扰了盟军在海上的物资运输，所以他们不得不把这次行动延迟到25日进行。这就给了德军集结援军的机会。6月24日，党卫军第1卫队装甲师部分士兵乘坐火车从比利时来到卡昂。在盟军的空中打击下，

埃普索姆行动

“埃普索姆行动”计划利用英军在装甲部队数量上的优势，在卡昂西部的德军防线上实现突破。按照计划，英军将对德军实施一系列围攻，最后夺取卡昂。然而德国党卫军第1装甲兵团组织起一次次猛烈的反攻，英军突不进德军的防守阵地，因此“埃普索姆行动”严重受挫。6月30日英国第11装甲师被迫撤退，盟军丢失了很多原来占领的区域。

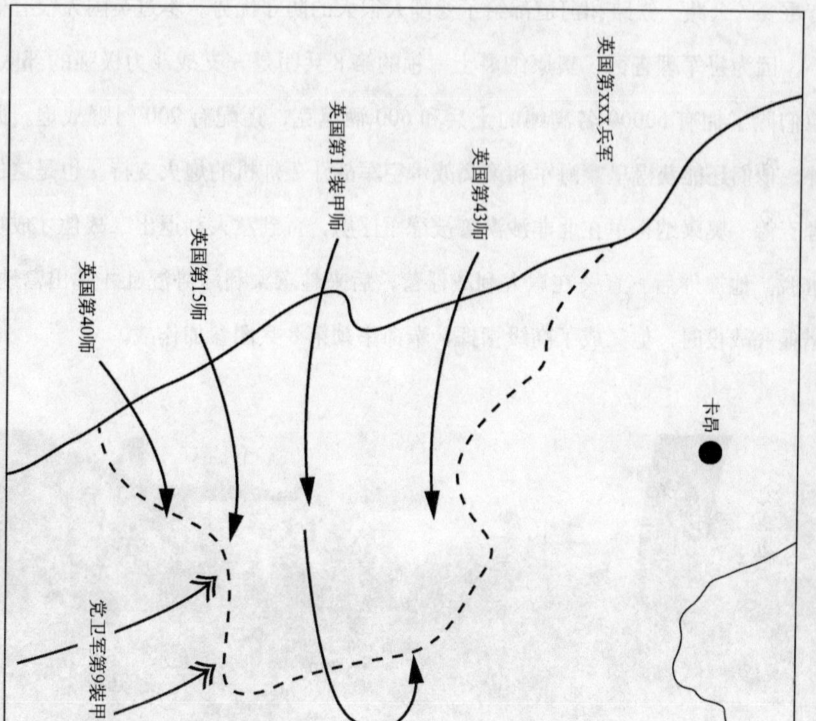

德军的这支增援部队几乎不能往战区移动。虽然有部分队伍及时赶到，参加了埃普索姆战役，但是直到 7 月 6 日，整个卫队师才全数到达战场。

“埃普索姆行动”计划自然有它的局限性。根据此计划，主攻任务由第 8 兵团的三个师承担。这三个师中有两个是步兵师，另一个是装甲师。他们要在卡皮克机场和霍里西部之间狭窄的阵线上作战。也就是说三个师要挤在狭小的区域作战，而且很多地方是典型的灌丛地形。此外，与英军进攻路线交叉的所有重要的公路、铁路和河道都给了德国人很大的防守优势。不过英国人很有信心，因为将军理查德 · 奥康纳爵士率领的第 8 兵团是一支战斗力极强的部队。他们除了拥有 60000 名满编的士兵和 600 辆坦克，还配有 900 门野战炮。此外，他们还能获得皇家海军和第 2 战术空军战斗轰炸机的炮火支持。也是这位理查德 · 奥康纳将军在北非沙漠曾被德军俘虏，直到意大利退出二战他才成功逃脱。他被俘后一直关在意大利战俘营，后来趁意大利局势混乱才逃出营地。诺曼底战役时，他又成了高级指挥，奉命率领第 8 兵团参加作战。

◎ 这个墓碑提醒着人们战斗中双方的战士随时都有可能牺牲

◎ 经特殊改装的丘吉尔AVRE坦克隆隆驶过诺曼底村庄。登陆日帮助盟军占领预定的目标后，AVRE在攻击固定防御阵地的战斗中也显示了巨大的威力

负责防守卡昂的德军是党卫军第12装甲师，即希特勒青年团。虽然希特勒青年团遭受了不小的损失，但是他们仍有相当强的战斗力，可以与英军战斗。6月16日，他们拥有58辆马克IV型坦克和44辆黑豹坦克。此外，还有30辆坦克在修理中，很快就能投入战斗。6月26日清晨，英军对德军阵地发起大规模炮击，拉开了“埃普索姆行动”的战幕，一拨又一拨战斗轰炸机冲向天空为这次行动提供空中支援。英军此次想模仿一战索姆河战役的战术，用火炮攻击形成巨大的火墙，随后让步兵再发动攻击。

“埃普索姆行动”中，英军主攻卡昂西部地区，他们的首要目标是攻占名叫112高地的山。如果英军能占领这一高地，那么他们就能占领它西边的区域。对于任何战斗计划，如果一切都顺利，胜利的概率就会大。所以如果一切都像计划的那样顺利，英军应该能继续向卡昂南部进发。经过三天的艰苦作战，他们占领了112高地的北坡，然后战斗突然停止。这时英军其实已经完成了一半的任务。

◎ 该图取自德国一条新闻片。两名掷弹兵正潜向盟军谢尔曼坦克。右边士兵手中的铁拳反坦克火箭筒在近距离发射时，威力十分巨大，德军在很多类似战役中都使用了这种武器

◎ 德军伤亡的士兵躺在波卡基村茂密的灌木丛中

戈登 · 马克洛生动地描述了当时的情况：

接下来的战斗发生在艾斯盖 · 索罗顿附近的 112 高地，后来它被称作康沃尔高地，因为有很多康沃尔郡士兵牺牲在这里。那时，我刚刚加入康沃尔公爵轻步兵团第 5 营。这个营的人大部分来自康沃尔郡，而我来自沃里克郡，所以在这群康沃尔郡人当中显得有点格格不入。隆美尔很重视这场战役，他说："谁夺得 112 高地，谁就会赢得法国战争的胜利。"

我们的对手是党卫军装甲师，这场仗打得很艰难。我们向山上冲，要冲到一片果园的前沿，到了那后，旁边一个家伙缴获了一挺德国机关枪，他不停地射击，我提醒他："都像你这么打的话，我们很快就没有子弹了。"他说："去，抓把布朗。"我们队里有 12 个人，每人手中有一把布朗

◎ 德国党卫军军官在研究地图，计划下一次行动。图片中，这些军官看起来比较轻松，由于战事越来越紧，这种轻松的氛围在德军指挥官中难得一见

式轻机枪，都是从战场上死去的德国兵身边捡来的，我们衣服里面塞满了子弹。那天晚上，我们挡住了德军的两次进攻，他们用各种炮轰炸我们，但是我们都活下来了。

盟军为什么会停止行动？其中一个原因是，有情报显示德国重要的后备编队，党卫军第2装甲兵团的两个师，刚刚从东线战场乘火车到达西线，企图从侧翼进攻行动中的英军，摧毁他们的“埃普索姆行动”。所以英军停止对112高地的进攻，准备应对德军的反攻。

我们是最后一批后备部队，所以没有人会支援我们。我们总共有20个人，每人都带了一把布朗式轻机枪，所以能够击退德军，守了整整三天。我们在那里肯定杀死了不少德国兵。实际上，他们的伤亡比我们大，

◎ 照片能明显反映盟军空军和海军轰炸的巨大破坏力，图中只有德军在海岸上用重混凝土修筑的炮台没被炸毁

所以战果一定很辉煌。

德军动用五个装甲师来粉碎盟军的“埃普索姆行动”，其中四个装甲师都是党卫军部队。在战斗过程中，德军第7集团军指司令多尔曼将军认为盟军会突破他们的防线，所以他在绝望中自杀了。

“埃普索姆行动”是英军在诺曼底战役中为数不多的只成功一半就停止的进攻行动。他们在行动中牵制住了德国装甲部队，让他们不能支援其他作战部队。人们经常说这次行动是失败的，这样的评价有失公允。不管怎样，很显然“埃普索姆行动”的确显示出了英军的不足之处，尤其是参战的第30兵团和第8兵团之间缺乏沟通和协调。

我们有大约600人冲上了112高地。德军从山的两侧向我们开火，机关枪子弹在身边乱飞，但是我们冲了过去。我不知道自己是怎么冲过去的。一名加拿大军官带领着我们，他说：“伙计们，看，德军的手榴弹上有很长的引线。所以它们掉在你们附近时，捡起来，扔回去。”我们自然就照办了。我们碰上了一个机枪据点，德军向我们投手榴弹，我们又扔回去，他们吓得四处逃窜。德军知道他们守不住，所以退出了高地，我和其他20名伙伴登上了坡顶，俯视德军的战线，在那坚持守了三天。我们一直在想，为什么没有人给我们送水、食物和弹药。德国的虎式坦克从山顶上果树林的两侧向我们不停地发射炮弹，我们都受够了，所以我们想找个软点的地方，挖一道更深的战壕。我们绕过一道篱笆，发现那里正好有一道战壕。我高兴地说：“哈，伙计们，这里有一道挖好的战壕呢。下去前，我得放几枪，确保里面没德国士兵。”我用缴获的布朗开了三枪，然后从里面出来六个德国兵，一个个都把手举着。我们把这些俘虏带回了营地。我们走后，他们才意识到我们既然送来了俘虏，山上肯定还有人。他们派了个通信员来，说：“你们在那干什么？两天前上头就命令说要撤退了。”

我们这才明白过来，为什么没有人给我们送物资，为什么没人来支援我们，他们都撤出高地了。

德国军队指南

摘录17

林地作战

……进攻林地时，德军通常以连为单位，负责攻击某块区域。他们注重持续侦察，以找出敌军最弱的防守阵地。即使这种侦察会临时削弱连队的战斗力，德军还是会这么做。侦察分队通常从原阵地按顺时针方向行动，连队指挥官和排长等指挥员会详细研究侦察报告，然后再做部署。

◎ 德国人用大量的树枝伪装坦克，以期躲避盟军的空中侦察。这辆坦克正驶过灌木丛向前线进发

连队在前进时，通常排成楔式队形。为了实现对敌实施突然打击的目的，德军经常不从公路而从野地向目标进发。

一旦连队的先头部队看见敌军，德军会慢慢潜行至近战范围，在此过程中，他们会与邻近的部队以及支援部队保持联系。接着德军充分利用手榴弹、炸药、近战武器，对敌军阵地发起猛攻。德军先头部队会尽量深入敌军阵地，主力部队则向阵地两边渗透。连队指挥官决定是从比较重要的侧翼包围敌军阵地，还是坚守已夺取的阵地等待援军，然后再继续进攻。

每个排至少要派一名观察兵监视敌军动向。观察兵配备自动武器，消灭敌方在树上的狙击手。德军认为与单发射击相比，扫射更能消灭这些狙

◎ 德国掷弹兵在重重伪装下走向灌丛村庄的阵地。德军充分利用这一地区的地形来掩护自己

击手。

德军认为林地作战任务应主要由步枪队和机枪手来承担，因为在这些地方不能部署重型支援武器。他们偶尔会把拆下的重机关枪当作轻机枪来用，有时也会使用小口径反坦克炮和轻步兵榴弹炮。在不能进行间接射击时，就用它们直接瞄准目标进行射击。他们也会用单门的轻迫击炮。德军从芬兰那学会了一种在林地使用迫击炮的方法。迫击炮观察兵带着话务员与先头部队一起前进。迫击炮炮兵与他们的距离保持200码。有专人负责整理电话线，不让它缠在树枝或灌丛上。当先头部队与敌军交火时，观察兵判断自己与目标的距离，再加上200码，得出迫击炮的打击距离，实施精确打击。因为己方与敌方相距很近，靠调整支架上的火炮角度来调整炮弹落点十分危险，可能会误伤自己人，所以他们不采取这种方式。

德军离开一片林地或必须穿过林地里的大片空地时，他们会尽量往林地边沿走。然后所有人同时离开林地，冲到至少100码外，再寻找隐蔽场所……

就是较高的指挥层之间，英军也缺乏合作，在坦克部队和步兵部队之间尤其如此。此外，我们要认识到，英军这次攻击的地点不适合大规模快速进攻，还有就是负责防守这一地区的是顽强且有强大战斗力的党卫军第12装甲师，即希特勒青年团。不过德军为了防守这片高地也付出了惨痛的代价，我们从另一名老兵的叙述中可以看出这一点：

我在112高地时，负责防守，击退德军的进攻。大家都知道德国人干事情很精确，我们就能算到他们什么时候会起来。他们一起来，我们就开始射击，很精准，因为我们知道他们什么时候起来。当然，他们因为都严格按照规定起来，所以每次我们都能算准他们起来的时间，他们一起来，我们就射击。就这样，我们一次又一次地击退了他们。后来，一名德国兵在书中写道，他们不能夺回 112 高地，因为在树林里有一个机枪营。其实那儿哪有一个机枪营，其实就是我们这些拿着布朗枪的人。

德国大批装甲编队开到埃普索姆走廊的西翼，对盟军造成了严重威胁，所以盟军不得不集中兵力对付他们。而“埃普索姆行动”突然停止，这让英军指挥官十分气馁。

◎ 盟军原本计划在登陆日那天就夺取卡昂，但是这些盟军士兵却等了六周才攻下卡昂

第十三章　查恩伍德行动

6月23日，盟军的一次小范围行动夺取了卡昂东北三英里处的卡登莱特。接下来的两天，盟军在经过艰苦的战斗后，成功向蒂莉素瑟勒南部推进。27日，英军包括其强大的装甲部队切断了从卡昂到波卡基村的道路和铁路交通，并到达奥登河距离埃乌里希北部两英里的地方。他们在那里建立起坚固的阵地，阵地包含艾斯盖北部重要的高地。德军自然对盟军的这次突进做了顽强抵抗。原本防守这一地区的强大德军装甲部队，加上本来用作后备部队的装甲编队，立即对盟军发起了反攻。7月1日，德军8个装甲师和党卫军装甲师的大部分兵力都投入了战斗。在德国人看来，中将米尔斯·克里斯多夫·登普西爵士率领的英国第2集团军对他们发起的“埃普索姆行动”出乎意料，是军事部署上的意外之招，因为隆美尔希望能有时间等到自己的党卫军装甲师都到位后，再对盟军发起大规模的反攻。

装甲部队和步兵部队之间最艰苦的战斗开始了。灌丛地形使得部队不能在一点上部署大批装甲部队，而德军在反攻时，就以连队为单位，在坦克的支援下，对英军战线采取多点进攻，企图突破英军防线。不过他们并没有得逞，英军的阵地不但没被攻破，反而扩大了。

持续糟糕的天气拖延了盟军部队的集结，而法国国内抵抗组织不断攻击包括党卫装甲师在内的德国增援部队，把他们牵制在法国南部，再加上盟军对他们的空中打击，也大大延缓了德军增援的速度。党卫军第 9 装甲师只花了七天时间，就从德国赶到了东北的苏联前线，但是从德国边境到诺曼底战场，他们却走了整整两个星期。

美军的进攻

美国第 1 集团军在消灭科唐坦半岛西北角的德军后，开始整编向南部进发。7 月 3 日大雨如注，美军在凌晨 5 时 30 分，对圣苏维尔勒威格特南边德军的防线发动大规模进攻。次日，美军就已夺取了拉哈弗杜皮特镇北边的战略高地，但是在拉哈弗杜皮特镇上的德国人顽强抵抗，直到 9 日受到东西两翼包围，德军才投降。

美军下一个目标是向南夺取阿夫朗什和圣马洛以及布列塔尼地区布雷斯

◎ 盟军士兵好奇地看着被毁的德军自行火炮上的底盘。这可能是一辆布朗拔，它是Ⅳ型装甲车的一种，最早出现在斯大林格勒战役的巷战中

特和洛里昂的港口。他们从7月3日开始发起进攻，驻扎在科唐坦半岛的三支美军都参加了战斗，但是，典型的灌丛地形又一次拖延了美军的前进速度。对于现代机械化部队来说，这类有点像丛林的地形是他们最不愿意面对的，这会大大降低他们的行进速度。经过四天的苦战，到7月7日，美军才前进不到四英里。

◎ 在波卡基村地区附近，年轻的德国军官对士兵做指示

与此同时，其他美军部队沿着卡斯特山密林中的陡坡前进。在这里，他们感觉就像是在打丛林战。7月11日，他们到达密林南部的边缘地带。还有的美军开始沿着公路从卡瑞登向佩里尔斯进发，同时打过维尔河，朝圣让德达耶前进，7月8日攻占该镇。11日，美军先头部队蹚过水淹的村庄，到达距离圣洛这个重要交通枢纽不到三英里的地区。

德军不断攻击英国第2集团军在奥恩河的阵地，但是英军顽强地击退了他们的进攻。7月4日，加拿大和英国军队向东主动进攻卡昂。德军猛烈的炮火逼迫英军稍稍后撤，但是加拿大军队在夺取卡皮克和该村南边机场的部分区域后，一次又一次击退了德军的攻击，保住了自己的新阵地。加拿大步兵和德国装甲兵团之间这种规模小却又十分艰苦的近距离战斗整整打了四天。

德国军队指南

摘录18

城镇和街道战

……在进攻城镇或村庄时，德军会采取侧翼攻击和包围战术。他们会设法切断水、电、气等供应。在采取侧翼攻击策略时，他们会用猛烈的地面和空中火力来牵制守军。如果需要采取直接进攻，他们会集中使用包括大炮和轰炸机等在内的各种重型武器，对一个目标实施打击。他们最喜欢用密集的火力攻击小区边沿，尤其喜欢攻击独立的建筑群或单独的房子。采用集中火力攻击时，只要炮兵停止攻击，步兵就会立马出发，向目标发起进攻。坦克和突击机枪会配合步兵的行动，用自己的火力牵制住可能出现的敌军。他们还会帮步兵摧毁障碍物、在墙中打开通道、压扁铁丝网等。他们用大炮和迫击炮来轰炸敌军隐藏的阵地，反坦克炮用来守住边道，以防敌军从侧翼进攻，机关枪则对付屋顶上的狙击手。

德军进攻的首要目标是将敌军占领的区域分割成几个部分，再尽量将其分成更小的独立区域，以便将敌军困在这些小小的区域里，再实施打击。

德军采用的另一种进攻方式是穿过小区，在镇子外面建立坚固的阵地，堵住敌方守军的退路，然后设法在小区内歼灭敌军。

德军将进攻部队分成很多纵队，然后相互配合平行地发动一系列进攻。他们只会同时朝一个方向进攻，而不会从相对的两个方向同时行动，因为这样会造成混乱，可能会误伤友军。这些纵队又会分成进攻组和扫尾组。负责进攻的工兵分队带有拆除设备、喷火器、手榴弹，他们会配合步兵的行动。在条件允许的情况下，德军会在前进路线旁的一排建筑物的墙中炸开一条通道，以便步兵能隐蔽前进，这些通道还能掩护德军进行物资运送和撤离伤病员。他们还用小型武装火力清除建筑物内的守军。他们一般不从街道而是从后院和房顶潜入建筑物。为了掩护部队前进，他们会夺取高层建筑，因为它们能提供更广阔的视野，而且易守难攻。

如果必须从街道上前进，德国人会分成两列纵队，分别沿着街道两侧行进。他们更喜欢走街道左边，因为这样站在门口，用右手对门内射击更方便。他们不仅会考虑遭遇门内敌人的情况，也会考虑在楼上的敌人。所以，有不同的人专门负责戒备房间、不同楼层或地下室的窗子。行动时，他们会立即封锁住巷道，以防敌人的偷袭。在晚上，他们随时准备用探照灯检查屋顶上是否有敌人。

德军在占领一幢建筑后，就立马将它改成自己的据点。房子的窗子以及其他开口的地方都成了他们的枪眼或炮眼，地窖和阁楼则主要用来组织防守。

即使是完全被毁的建筑，德军也会持续地进行监视，以防敌人发起反

◎ 从空中俯瞰解放后的卡昂。在卡尔瓦多斯省会卡昂经历过这场战役的人们，虽然还在惊恐地谈论着盟军的空中轰炸有多恐怖，但是他们仍然热烈欢迎英国军队和加拿大军队的到来

攻，重新夺回这个废墟。德军在建筑中用机关枪和步枪不停向敌军开火，目的就是不给他们占领预备阵地的机会。

地下通道和下水道能为守军提供绝佳的掩护，所以德军会毫不留情地予以打击。如果他们不能立即清除里面的守军，也不能用烟雾将他们逼出来，他们就会把出口堵住、炸掉或派兵把守，不让敌军出来。

他们知道自己的坦克和突击炮容易受敌军反坦克部队的攻击，所以会派步兵进行保护。步兵和工兵会为他们清除路障和其他障碍。他们还会召集所有身强体壮的市民，让他们冒着危险清理街道上的碎砖瓦砾。

在占领镇子的一块区域后，德国人就封锁所有通往占领区的小巷，堵住所有物资的出口，然后对每一所房子实施地毯式搜查，清除屋顶、阁楼、地下室、院子、楼梯等地方的敌军……

然后我们沿着公路向前走，不久就碰到了一个火车道口。这个道口和四辆黑豹坦克都被我们的台风战机炸翻了。这些坦克被炸时，应该是在沿着铁轨去向某个地方。我们看到这些被台风战机炸翻的坦克，才了解这些战机上火箭弹的威力。以前每次看到台风战机来轰炸时，我们都不会欢呼，因为经常能在卡皮克机场见到它们，现在我们对它们充满了敬佩。我们牢牢地守在卡皮克机场的边缘，加拿大人在台风战机以及它们的火箭弹的协助下，努力想夺下这个机场。这些战斗机的威力实在太不可思议了，太不可思议了！

不过7月8日清晨，在重型和中型轰炸机的猛烈轰炸后，被卡昂北部德军遏制许久的英国军队和加拿大军队，对卡昂发起了进攻。战斗一直持续到这天夜里，英国部队和加拿大部队一直挺进到卡昂市郊。地面和近海船上的火炮为他们的这次攻击提供了大规模的火力支持。到次日傍晚，除了奥恩河南部的郊区外，整个城市都在盟军的控制中。他们迅速消灭了后方的小股德军，加拿

◎ 德国掷弹兵拿着铁拳反坦克火箭筒，后面跟着带火焰喷射器的工兵。火焰喷射器用于摧毁固定的防御设施，在正面作战时，操作火焰喷射器的士兵十分容易遭受攻击

◎ 登陆日后没几天，德国战俘就在英格兰的街道上列队行进。该图显示的是600名德国战俘组成纵队走过多佛的街道

大军队也最终夺取了卡皮克机场。

15 日，美国第 1 集团军已经行进到莱赛、佩里尔斯和圣洛附近。与此同时，沿着公路从卡瑞登开赴佩里尔斯的美军，以及开拓其阵地的美军，早已渡过维尔河，将美军的战线拉直，并消灭了卡瑞登南部被水淹没地区的德军反抗力量。11 日至 13 日期间，美军在圣洛东部又夺取了更多的区域，切断了圣洛至贝利尼的公路交通。经过八天激烈战斗，美军终于占领了圣洛城区。

第十四章　古德伍德行动

在占领卡昂北部，向东扩大奥登阵地之后，英国第2集团军停下休整，于7月15日傍晚对德军诺瓦耶-布盖-艾斯盖的战线发起进攻。面对德军的顽强抵抗，英军还是取得了不错的进展，不过无论是英军有意为之还是只是巧合而已，此次进攻的最大战果就是牵制了奥恩西部大批德军装甲部队，并且给他们造成了严重伤亡。

18日上午8时45分，蒙哥马利将军命令在卡昂东南战斗力极强的步兵和装甲部队再次发动进攻。在这次进攻中，英军动用了诺曼底登陆以来最猛烈、最集中的空中炮火攻击。参战的英军和美军的重型和中型轰炸机超过2000架(其中只有9架被德军击落)，它们往70平方英里的区域内投了7000吨—8000吨炸弹，在沃瑟莱郊区和图夫勒维尔与卡内的树林间炸出一条7000码宽的通道。英军的装甲部队从特制的桥上通过奥恩河，穿过轰炸机炸出的通道，向卡内和布尔盖布斯方向直插过去。尽管英军装甲部队在一开始成功地插入到卡昂东部地区，但是德军建立的防守阵地，尤其是在布尔盖布斯南部和东部部署的坚固的反坦克障碍，阻挡了英军前进的步伐。双方发生激战，伤亡都很惨重。进攻开始的第一天中午，由于德军的顽强抵抗，英军装甲部队前进的步伐已经开始减缓，所以他们索性停下来，等着后面的步兵赶上。

古德伍德行动

英军已经掌握住了半个卡昂，“古德伍德行动”的目标就是扩大已有成果，为以后的进攻做好准备。加拿大装甲部队攻击卡昂西部，在此他们遭遇了党卫军第1装甲兵团的顽强抵抗。卡昂东部，在加拿大士兵和英国士兵混编而成的一支先遣队的攻击下，德国第21装甲师的残余部队节节后退。虽然人们常常认为“古德伍德行动”是一次失败的行动，但是这场战役之后，英军军队和加拿大军队牢牢掌握了卡昂，并将前线往卡昂南部推进了10英里。

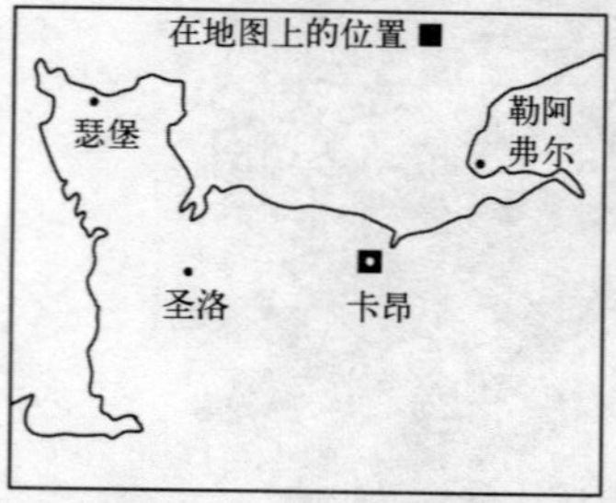

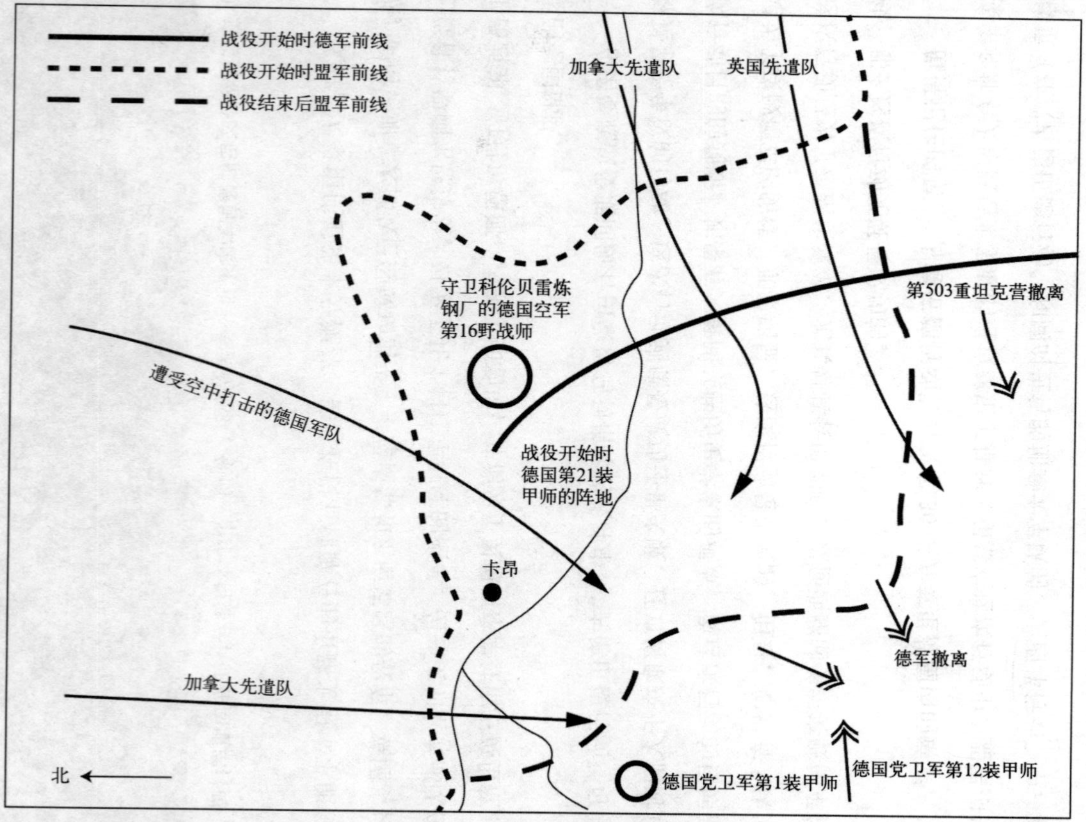

◎ 这些拎着公文包的德国军官来自一支海防部队，他们一个个体格健壮，正在向盟军投降

次日，大暴雨使道路十分泥泞，部队在没有铺碎石的道路上根本不能前进。同时，加拿大部队已经成功消灭了卡昂南部和东南郊区的敌军，英国步兵已经往特罗阿尔恩进发，歼灭了几个村庄里驻守的德军。另一支加拿大部队在卡昂西部，打过奥恩河，占领了弗勒里，并消灭了奥恩河东岸往南三英里范围内的德国部队。

在诺曼底战役期间所有由蒙哥马利指挥的战斗中，“古德伍德行动”可能算是最受争议的行动。这次行动到底是成功还是失败，还真得取决于人们对此次行动目的的判断。如果有人赞同某些历史学家的观点，说这次行动的目标就是为了攻破德军的防线，那很明显，这次行动是失败的。但是，如果有人认为这次行动是为了牵制住德军，尤其是其装甲部队，以便西路的美军突破德军防线，那么这次行动无疑是成功的。

值得记住的是，“古德伍德行动”歼灭了30平方英里范围内的德军，为英军和加拿大军队后来发起的进攻奠定了基础。虽然在这次行动中，盟军损失惨重（在“古德伍德行动”和同时进行的加拿大军队的“大西洋行动”中，有

6000 人牺牲或受伤，500 辆坦克被毁），但是在这次行动的最后，英国人控制了战场局势。结果，200 辆受损的坦克被修复，重新投入战斗。这次行动极大打击了德军的士气，从这方面来讲，古德伍德行动是成功的。

古德伍德行动结束次日，即 7 月 21 日，德国新上任的西线指挥陆军元帅冯 · 克鲁格写信给希特勒，说战争失败了。他写信的时间证明“古德伍德行动”与他写这封信有莫大的关联。

◎ 盟军谢尔曼坦克从一群美国步兵面前驶过，这些人站在一堆德国坦克残骸中。照片上印有数字的物体是德国坦克的炮塔，它被炮弹炸离了坦克底盘，反扣在地上。炮塔后面的似乎是一辆虎式马克I型坦克

第十五章 七月阴谋

7月6日后，盟军在西线战场上取得的胜利让戈培尔的宣传体系陷入了混乱。一方面他们极力宣扬英美联军很快就会被完全摧毁，另一方面又警告说艾森豪威尔不惜血本，投入了大量的人力、物力，所以盟军在物资上占有绝对的优势。在盟军攻占瑟堡，夺取整个科唐坦半岛后，就连德国宣传部也不敢再夸口说很快能把盟军赶回海中这种话了。由于德军在诺曼底的形势一天比一天差，军队里那些早就密谋要推翻希特勒统治的军官，感觉起义的时候到了。当时到底发生了什么事情，我们不得而知，因为纳粹总会扭曲报道，以迎合他们的需要，所以他们的报道可信度很低。因为仅有少数高级军官参与了谋划，所以这个阴谋一直在悄悄地进行着。他们的主要目标是摆脱希特勒的统治（让军队独立起来），掌握柏林所有指挥中心和德国的大城市，逮捕纳粹党的重要人物，解除党卫军的武装。经过几次延期后，他们计划在10月份起义，因为他们认为到这个时候战争达到了高潮，而且所有准备工作都会就绪。因为德军在东西两线上的形势不容乐观，所以这些军官将起义时间又提前了三个月。也就是由于这样仓促行事，导致起义最终失败。

领导这次起义的军官大部分都在或曾在德军总参谋部任职。其中军衔最高的是陆军元帅冯·维茨勒本。此外还有一些上将，其中两位曾担任过总参谋部参谋长，分别是贝克和哈尔德。贝克是一名能力超群的军官，他在入侵奥地利后退休，哈尔德接替了他的位置。当时的参谋长柴兹勒似乎也直接参与了这次行动。

在这次行动中，有三个人起了极其重要的作用：陆军总军需官奥布里奇将军，国防军总司令弗洛姆将军（他们掌握了德国国内几乎所有的军队）和霍布纳尔上校。奥布里奇和贝克是此次起义的主要推手。奥布里奇的副官，冯·施陶芬伯格上校则负责刺杀希特勒的整个行动。7月20日，施陶芬伯格拎着一只黄色的公文包，里面放了一颗小型定时炸弹，来到希特勒的总部。当时希特勒在开会，他走进会议室，放下公文包，然后找了个借口离开了。密谋者们希望炸弹在一间四面是水泥墙的地下室爆炸，因为水泥墙可以反弹爆炸产生的冲击波，这样就能杀死所有站在或坐在炸弹旁边的人。不过，这间会议室的墙壁是木质的，受到外力冲击时容易倒塌。爆炸发生时，希特勒刚刚离开炸弹放置的桌子，所以他身上只是有些擦伤而已。

施陶芬伯格在爆炸发生前几分钟设法离开了会议室，不过他至少是听到了炸弹爆炸声。他相信希特勒已死，立马上了回柏林的飞机。此时一切都取决

◎ 七月阴谋发生后，希特勒和墨索里尼会见纳粹党官员

于身在柏林的主谋者的行事速度和决心了。只有通过良好的协调和迅速的行动，才能对付纳粹党的报复行动，而国防军总司令弗洛姆将军就是这个决定如何采取下一步行动的人。

密谋者掌握着位于本德勒斯特拉斯的德国军队指挥中心的军务部。所有对外发布的命令以及外来的问询都要经过这里的文电处。当施陶芬伯格带着希特勒已死的消息回到军务部时，密谋者们请求弗洛姆下命令，让部队守卫柏林以及德国的主要城市。弗洛姆对外下了一些命令，接着他就失去了勇气，精神崩溃了。施陶芬伯格想接手弗洛姆的工作，但是他只是一名上校，军务部很多原本听从弗洛姆的军官不愿意接受他的指挥。贝克上将努力想帮助施陶芬伯格，但是因为早就退休，已经失去了权威。贝克和施陶芬伯格与军务部的军官展开了一场公开的决斗，最终他们被捕了。

虽然在柏林的人根本察觉不到有什么异常发生，但是直到晚上纳粹党才重新控制德国军队，恢复了与希特勒的联系。汉堡、慕尼黑、维也纳三个主要城市的指挥官收到了弗洛姆发出的命令，开始按命令行事。他们告诉手下的军官，希特勒已死，所以他们不用再效忠希特勒。所以军队占领了政府和纳粹党的办公楼，在有些地方国防军和党卫军展开了激烈的战斗。直到大家意识到希特勒没死，纳粹党又重新控制了首都，国防军才停止这些行动。

在维也纳，7 月 21 日发生的叛乱持续了整整一天。纳粹党高官和盖世太保官员被逮捕。军队参加了行动，在社会主义和共产主义工人领导下的奥地利地下组织也公开参加叛乱。带有人民卫士臂章的工人主动保护起一些主要的建筑和外国使领馆。

对纳粹党来说，这无疑是消灭反对他们的敌人的天赐良机。他们曾经怀疑过很多人，但是盖世太保没有彻底查出那些反对他们的人，而这次行动把暗藏在德意志帝国的敌人，赤裸裸地展现在了他们的面前。

纳粹党采取了可怕的报复行动。他们设立了“德军荣誉法庭”，让从诺曼底退下来的陆军元帅冯 · 伦德斯泰特主管。没有证据表明伦德斯泰特参与了这次叛乱，不过这也是毋庸置疑的，如果伦德斯泰特跟叛军勾结，那叛军肯定就赢了，因为他是德国军队中最成功、经验最丰富、最受德军指挥官尊敬的将领。如果他拒绝主持这个法庭，那就说明他赞成反叛者的行径，那他就只有死路一条。纳粹党把伦德斯泰特当作他们报复的工具，让他成为杀死自己同胞的刽子手，这样就能保证德国军队不会再信任他，不再把他当成反对纳粹党的领袖。

◎ 盟军夺取卡昂后，温斯顿·丘吉尔来到卡昂慰问士兵

荣誉法庭说以冯·维茨勒本元帅为首的反叛军官的行为“将他们自己驱逐出了德国军队的行列”，然后把他们移交给人民法庭，让他们接受处罚。人民法庭由声名狼藉的罗兰·弗莱斯勒掌管，这些军官很快被判死刑。纳粹党在大卡车上立了绞刑架，把这些军官绞死后，就让卡车拉着这些尸体在柏林的街道上游街，目的是让每个人都看清楚，即使是像军队元帅这样在普鲁士或德意志帝国时代被视为神一样的人物，如果胆敢密谋反对元首，也会遭受这种羞辱性的死亡。他们还逼迫这些军官的亲人跟着卡车游街，他们中大部分人在游街之后就被杀害了。这些军官的家人全部被害，连四五岁的小孩都没能逃过厄运。

纳粹党的这种大规模屠杀行为持续了大半年。不仅仅是部队的军官和士兵，任何人只要被怀疑与这次叛乱有关，就会被判死刑。大部分嫌疑人都先被囚禁起来，遭受盖世太保的严刑拷打，要说出他们与叛军之间的关系以及有哪些共犯（叛乱被镇压后的几天内，就有1500名军官遭逮捕）。

◎ 盟军战斗机炸毁了德军的车辆和坦克。照片前面的车是大众桶车，德军内部的一款通用车

纳粹党的暴行远不止这些。纳粹党高层这次不仅想消灭那些与7·20阴谋有关的敌人，还想摆脱所有可能对纳粹党统治有潜在威胁的敌人。对于第二批被判死刑的人，人民法庭并没像对维茨勒本和他的同道那样，进行公开审判，这根本就是纳粹党有意为之。这些人几乎全是魏玛共和国各个党派——从社会民主党到德国国家党——的知名政治人士。此外还有一些外交官，其中就包括驻罗马前大使冯·哈塞尔。这当中一些人根本就不知道这场阴谋发生的时间和地点，也从来没跟那些密谋者有任何联系，却惨遭杀害。1945年7月，奇切斯特主教乔治·贝尔大师将1942年5月自己在瑞士收到并转给英国政府的信息公之于众。信息显示，在7·20谋杀发生两年前，一位名叫迪特里

希·潘霍华的德国牧师就将这场阴谋以及参加这次行动的人员名单透露给贝尔了。反叛军官在准备组建他们的政府时，几乎没考虑给平民的位置。然而纳粹认为这些人对他们的政权有潜在的危险，可能会参加起义，会成功推翻他们，所以他们就把这些人抓起来，判了死刑。

不过另一方面，纳粹党又急着要向德国民众证明，只有一小部分军官参与了这场叛乱。为此希特勒还急匆匆地发表了一次演讲，表明参加叛乱的军官只有少数而已。他们坚称没有一个握有实权的军官参与了这次行动，他们向公众隐瞒了许多参与叛乱的重要人物的名字。他们没有提到弗洛姆，也没说到柴兹勒。人们在听说柴兹勒“患传染病，要休息几个星期”的消息后，就再也听不到他的名字了。古德里安接替他担任了参谋长一职。当时有报道说隆美尔将军在盟军的空袭中发生车祸，颅骨受伤，不治身亡。现在大家都知道这是假的。10月15日纳粹对外宣布隆美尔逝世，但是此前几星期隆美尔去世的传闻就已传遍整个德国军队。可以肯定，隆美尔至少是默许了这次反叛，而所有有关他受伤的消息都是为了掩盖一个极具讽刺性的事实，即德国最受欢迎的指挥官、希特勒最欣赏的将军竟然和元首的敌人合谋，企图推翻他的统治。

7月20日之后的几个月内，盖世太保到底杀死了多少人，我们不得而知，但是我们可以确定的是，绝对有上万人之多。受害人中包括几百名在柏林及其他城市有社会威望的世家成员（包括妇女和儿童），几千名在集中营的政治犯，几千名柏林、慕尼黑、维也纳、汉堡、西德的工人（其中工会领导和官员，无论社会主义者还是罗马天主教徒，占有很高的比例）。这次大屠杀对所有反对纳粹统治的组织都是一记沉重的打击，也为德国各界在德军最终战败前的抵抗纳粹运动奠定了基础。

纳粹党从7·20刺杀行动中获得的好处远不止消灭所有潜在的抵抗力量。他们开始宣扬说希特勒逃脱这次刺杀是一个奇迹，说命中注定要承担起拯救德意志责任的元首得到了上天的佑护，能化险为夷。同时纳粹党还不忘记宣传他们又粉碎了一个阴谋。1918年，纳粹党称德军这支常胜之师遭那些反马克思主义和马克思主义必败论者的诋毁。这一次，他们又指控军中的叛徒诋毁努力作战的德国民众。他们说这些反叛的将军控制住了德国后备部队，所以导致了德军在东线的失败。

7月24日，希特勒的纳粹党总部宣布，应所有德国部队要求，部队的军礼变成行希特勒式军礼同时还要高喊“希特勒万岁”。更重要的是，他们下了一条命令，允许包括军官团在内的所有职业军人加入纳粹党，而且严禁组织各类政治团体。

◎ 因为盟军掌控了制空权，德国人想方设法布设一些圈套，以击落盟军战斗机。图中德军在制作木质黑豹坦克模型，用以欺骗敌人

◎ 赫尔曼·戈林在炸弹爆炸后，检查会议室的受损情况。笨重的橡树桌子吸收了炸弹爆炸的冲击力，救了希特勒一命

第十六章　眼镜蛇行动

7月15日，美军以伤亡10000多人的代价只换来了向前推进7英里的战绩。此时英军和美军都遭到德军疯狂的抵抗，伯纳德·蒙哥马利爵士和奥马尔·布拉德利经过商量，一致同意实施代号为“眼镜蛇”的行动。“眼镜蛇行动”的目标是将诺曼底的德军引进以法莱斯镇为中心的巨大包围圈中。

同时，美军的伤亡人数继续攀升，到7月23日，他们已经有40000人在战斗中牺牲或受伤，这对美军的人员补充造成了巨大的压力。不过美军占有一个优势，即英军牵制住了大批德国装甲部队。德军有六个装甲师在卡昂附近与英军作战，而与美军作战的装甲师不到两个。尽管美军伤亡惨重，但是突破德军防线的时机已经成熟。

7月1日，希特勒指责陆军元帅冯·伦德斯泰特信奉失败主义，难以有所作为，所以免去了他西欧战区指挥的职务，这无疑帮助了美军。此后不久，隆美尔在盟军的空袭中发生车祸，受了重伤。前面已经说过，7·20刺杀行动完全粉碎了希特勒对德军指挥官的信任，所以不再给他们指挥战斗的权力。

此时，希特勒想亲自掌管德军在三条战线上作战行动，这么做只会给德军带来灾难性的后果。更糟糕的是，正在康复中的隆美尔受到7·20刺杀行动的牵连，被纳粹分子威胁要报复他的家人，他最后不得不服毒自尽。

“眼镜蛇行动”一开始进展十分缓慢。因为他们还要在灌丛地带作战，但

眼镜蛇行动

美军如今掌握了整个瑟堡半岛，他们大批装甲部队可以从阿夫朗什峡谷插入法国内陆地区，准备夺取布列塔尼的港口。盟军最初的计划是要放长线钓大鱼，采取大规模的行动，将德军团团围住。随着战事的发展，盟军指挥官看到，德国人在莫尔坦仓促开展的反攻行动使得他们有机会在法莱斯建立包围圈，逮住或摧毁德军的有效战斗力量。

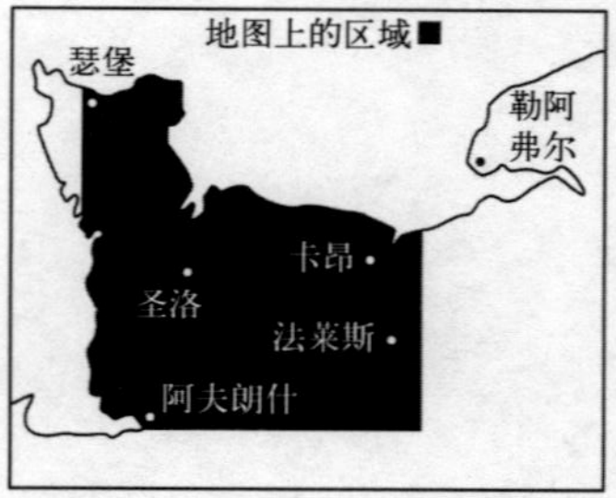

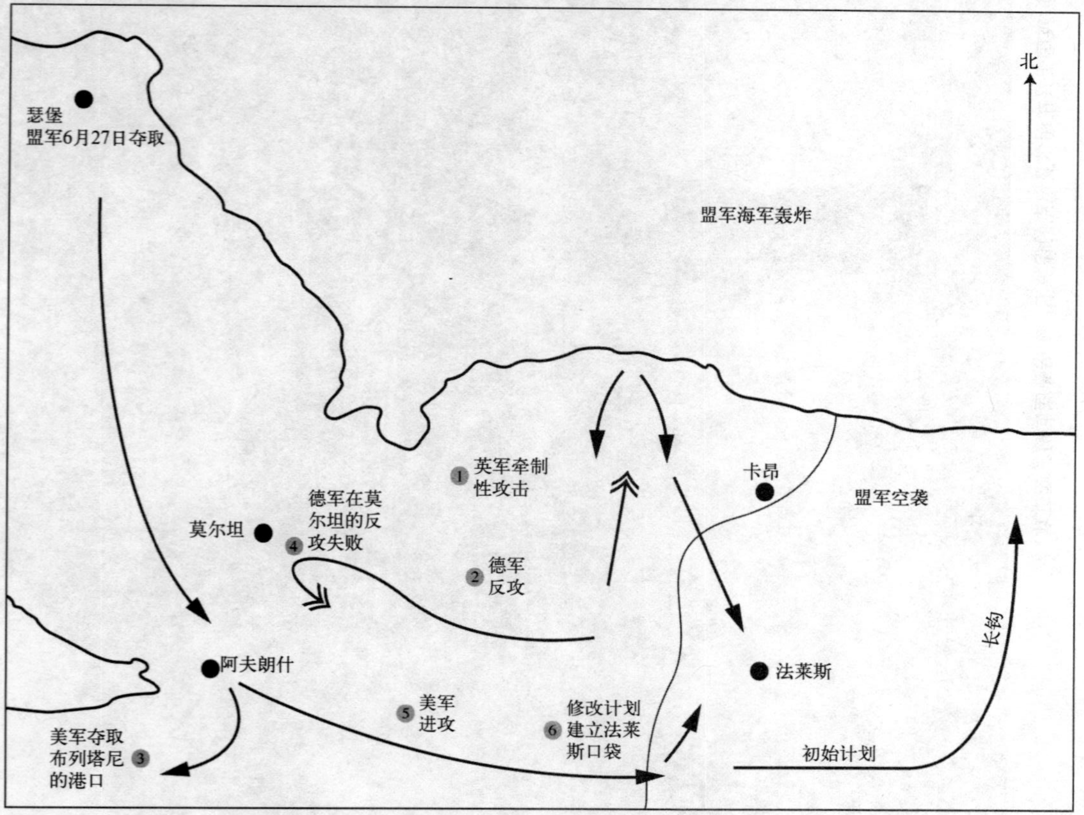

◎ 英国士兵在谢尔曼坦克的保护下，在诺曼底向前发起进攻

◎ 这个场景显示了盟军空军强大的破坏力。在鲁昂码头德军一个师拼命寻找渡过塞纳河的路线时，盟军重型轰炸机对他们实施轰炸，留下一堆车辆的残骸

是盟军在空中力量上的绝对优势又一次帮了大忙。他们向防守的德军投掷了500吨强力炸药。从东线赶来支援的冯·克卢格元帅认为英军将会在他们的防线上撕开口子，所以拒绝派兵增援来抵挡美军的进攻。因此7月26日，美军坦克最终摧毁德军的防线，驶离灌丛地区，开到开阔的野地上。他们终于将灌丛地区抛在脑后，加快速度冲向内陆地区。这时，美军著名将领乔治·巴顿将军开始大显身手。巴顿曾参加过盟军在突尼斯的战斗，也曾率领美国第7兵团在西西里作战。最后盟军来到开阔的平原地区，高度机械化的美军与德军开始展开机动战。美国部队像潮水般一批批涌过阿夫朗什峡谷，冲向法国内陆地区。他们首要目标就是夺取布列塔尼的港口。在港口的德军做了顽强抵抗，直到8月16日，美军才夺取了圣马洛。而夺取布雷斯特的战斗持续时间更长，直到9月19日，它才被盟军掌握。鲜有人知的是，德国人直到二战结束前，还占领着洛里昂和圣纳泽尔。那里的德军像是中世纪城堡的守卫一样被盟军团

◎ 虎式I型坦克的背视图。这是这种类型坦克最薄弱的部分。盟军坦克上的反坦克武器根本打不穿虎式坦克的前方装甲，这块区域成了他们摧毁虎式坦克的唯一选择

团围住，但是不管怎么说，法国直到二战结束，全国才全部解放。

美军突破德军防线

英国第2集团军的“古德伍德行动”开始一星期后，也就是七月阴谋后的第五天，美国第1军团在德军防线上有了突破性进展。在这次代号为“眼镜蛇”的行动中，美军首先于7月25日在圣洛西边发动进攻。行动进展很快，他们在次日清晨就占领了圣洛以西七英里处的马里尼和四英里处的圣吉勒斯。美军的这支大部分由装甲部队组成的先遣部队，开始分三路纵队呈扇形分别向西部、南部和西南部进发。第一路纵队在27日已挺进到距离库唐塞五英里的地方；第二路在27日夺取卡尼西后，挥师向西，于29日到达格兰维尔东北七英里的地方；同一日，第三路纵队距维莱迪厄只有七英里。美军在27日就夺

◎ 这个德国火车头被盟军战斗轰炸机击中，里面的管道扭曲成了一朵诡异的花

取了位于最右翼的莱塞和佩里尔斯。他们的一支装甲纵队沿着佩里尔斯 - 库唐塞公路向前突进，于 28 日夺取库唐塞，在那里与从东部来的美军会师。

次日，美军到达塞纳河河口以南的海滨。下午，他们加快了前进的步伐。30 日傍晚，美军装甲部队顺利通过布利奥，31 日到达并占领了阿夫朗什和格兰维尔。此外向东进发的美军于 27 日夺取了贝利尼，并在 28 日清除了该镇南方向德军的防御阵地。

英军的进攻

英军在其进攻区域有两次重要的攻击帮助了美军在西路成功突破德军的防线。第一次是加拿大军队于 7 月 25 日沿卡昂至法莱斯公路开展的行动。因为德军一次次疯狂的反攻，加拿大军队没有夺取任何地方，但是他们却在美军

◎ 从勒芒出发的美国第3集团军部队于1944年8月12日到达阿尔让唐地区，不过数日之后他们才与从北部来的英国部队和加拿大部队会师，形成包围圈，将德军困在法莱斯

突破德军防线的关键时刻，牵制住了大批德国装甲部队。第二次进攻的中心区域在科蒙，此时英军已经从美军手中秘密接管了这一地区。30 日英国的一支装甲步兵部队在猛烈的空中轰炸后，发起主攻。8 月 1 日，他们占领了卡阿盖和勒本尼波卡基。之后两天，他们向维尔、奥内素奥登和波卡基村发动进攻。4 日英军已到达上述三个村庄的邻近地带。经过激战，英军在同一天攻占了卡昂西南部的埃乌里希和艾斯盖，5 日夺取了已成为一堆废墟的波卡基村。

第十七章　莫尔坦反攻

6月25日，盟军远征军最高统帅部宣布，法国全国委员会授予约瑟夫·凯尼格将军——当时在英国的法国军队指挥——法国内部武装力量指挥一职，直接接受最高统帅部的领导。在布列塔尼，法国内部武装力量在美国装甲部队突进之前占领了有利地形，开展游击战，袭扰德军，保护盟军的交通线。在法国其他地方，他们炸毁铁路，破坏火车头，扒铁轨，切断巴黎和柏林间的地下通信电缆等，用一切可能的办法对付德军。

8月初，由于美军向布列塔尼半岛推进的速度加快，前线一直在变动。有一路装甲纵队向南部和西部进发，于3日到达迪南地区，之后向南，而后转而奔赴布雷斯特，解放了沿途的几个镇子。另一路纵队在4日几乎是以和平的方式解放了布列塔尼首府雷恩，之后向西南进发，于6日到达维莱讷河，至此封锁了布列塔尼半岛。还有一支纵队于6日解放了瓦讷，开始在8日包围洛里昂。同时，美国步兵团已向圣马洛发动进攻，直到17日，此处大本营的德军才投降。美军其他部队向南挺进，于9日到达南斯和昂热。11日，美军侦察分队开始穿越卢瓦尔河。

布拉德利将军在分析战争形势的时候，看出巴顿的部队有遭遇德军围攻的危险，所以在对整个局势做出前瞻性的判断后，命令巴顿首先向南部进攻，然后向东部进发，收紧后来被称作法莱斯口袋的包围圈。为了和美军部队会

莫尔坦反攻

德军进行莫尔坦反攻，旨在阻止美军部队通过阿夫朗什峡谷。希特勒企图通过切断瑟堡半岛与内陆的联系，以遏制住美军，不让他们突破德军防线，阻止他们向内陆进攻。但是这么做缓解了蒙哥马利率领的英国和加拿大部队的压力，反而使德军在法莱斯陷入了无法摆脱的困境。

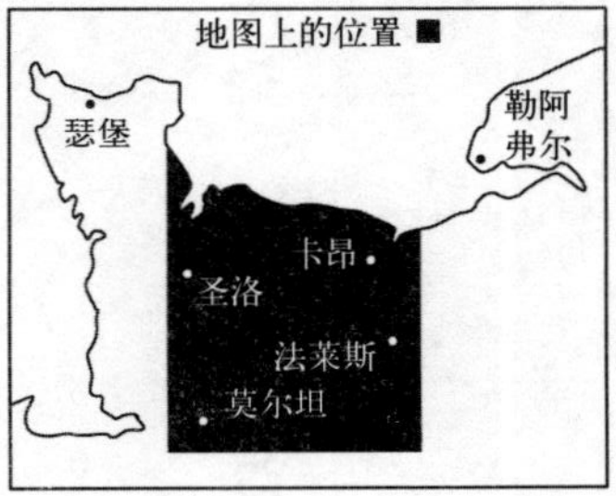

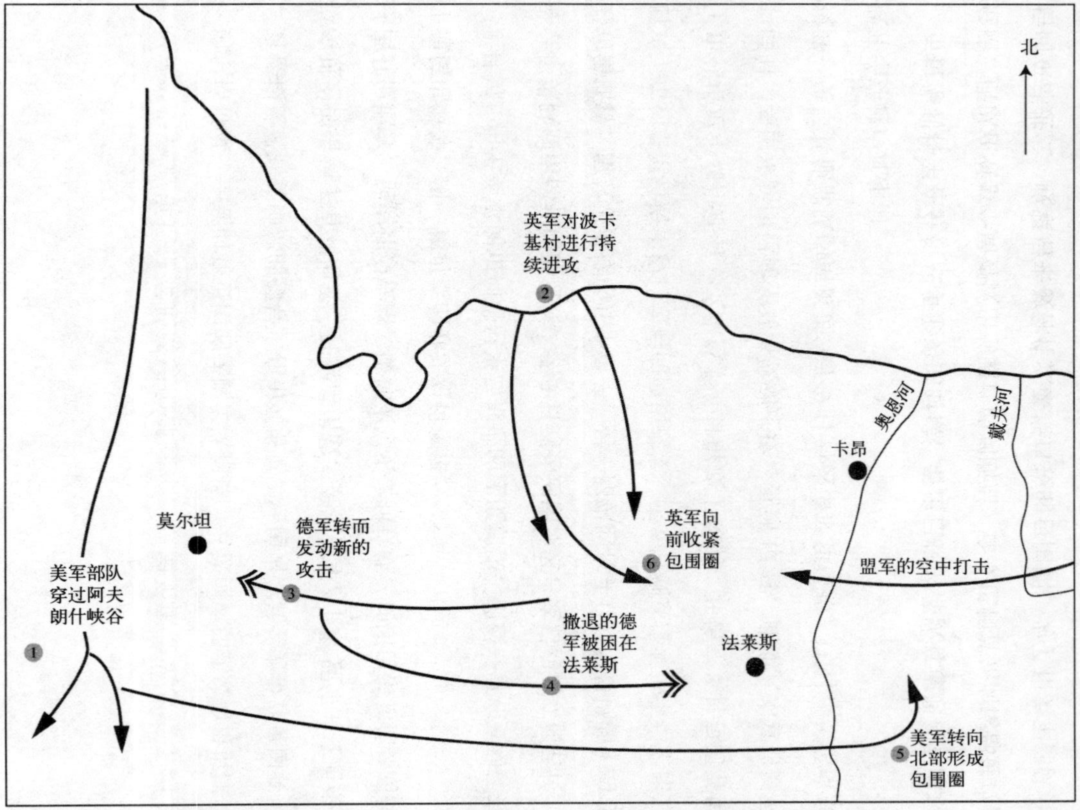

师，英国第 2 军团向南推进到维尔镇，但是他们又一次遇到了灌丛地形，英军因此遭受到了极大的损失，伤亡率与第一次世界大战相当。

八月份盟军又发起了两次大规模行动，主要由加拿大军队参加。虽然托塔里斯行动不能算得上是一次成功的行动，但是在随后的温顺行动中，盟军取得了极佳的战果，进一步打击了处在危机中的德军。但是盟军面临的一个严重问题是，盟军内部误伤率居高不下，尤其是误炸造成的伤亡很大。盟军大批轰炸部队会将炸弹投到错误的目标上。这个问题主要归咎于空中部队和地面部队缺乏沟通协调。比如说，加拿大人用黄烟来标记他们的战线，而轰炸机则用黄烟来识别目标。更糟糕的是，蒙哥马利不信任加拿大军队指挥克拉拉，这使得情况变得更加复杂。

在美军进攻阵地的最东端，美军清除了维勒迪约和维尔之间大片乡村地区的德军；在莫尔坦战斗进行的同时，美军先头部队向前推进，通过了巴朗

◎ 德国党卫军一辆被毁的半履带战车侧倒在路旁，旁边躺着一名原本在车里的德国兵。一名美国士兵正登上一门黄蜂自行火炮，这是德国新研制的一种自行火炮，能为装甲师提供有效的火力支持。但是这些火炮数量远远满足不了需求，他们总共才生产了635门这种炮，却要供给分别在东西两线作战的德军

◎ 这张照片清晰地反映了盟军空军在诺曼底狭窄的街道上造成的强大破坏力

通。但是，在8月6日和7日两个晚上，德国人从莫尔坦地区，即靠近美军和英军战线的交会处，向西组织起强烈的反攻，旨在切断阿夫朗什峡谷的交通，分离盟军力量。

德军装甲部队在卡昂防御战中做了很大的贡献。在那里对抗英军和加拿大军队的六支德国装甲师竟设法保住了至少一半的坦克，这十分不可思议，而就是这些武器让盟军难以前行。就在这个关键时刻，希特勒决定插手这次战役，而正是他的决定给德军带来了灾难性的后果。他命令诺曼底前线所有可调动的装甲部队互相配合，对美军发起反攻，反攻的中心为阿夫朗什东边的莫尔坦镇。希特勒企图切断阿夫朗什峡谷，不让巴顿率领的美军进入法国内陆地区，把他们和其他盟军部队分开。他的计划在逻辑上是成立的，但是实际上根本不可能实现。

冯·克鲁格在接到希特勒的命令时，感到十分震惊。他们的坦克在防御中起着极其重要的作用，但是由于供给上的不足，尤其是军需物资的不足，就意味着他们不可能组织起反攻。尽管如此，汉斯·冯·卢克将军紧急集结了100辆坦克，匆匆开赴莫尔坦，实施反攻。糟糕的是，美国人已经破解了德军的密码，所以派了大量飞机对这支装甲部队进行狂轰滥炸，摧毁了不少坦克。

在坦克破坏者轰炸机的协助下，美军沉着应对德军四个装甲师的反攻，阻挡了他们的进攻，并控制了局面。美军阻挡了德军的退路，同时堵住了阿尔让唐和法莱斯之间的空隙。

谢尔曼萤火虫坦克

谢尔曼 M4 坦克是诺曼底盟军的通用工具。这类坦克数量众多，常常能抵消如虎式或黑豹等德军坦克在质量上的优势。盟军在这一型号的坦克上成功地做了改进，装了 17 磅高速反坦克炮。这样的炮在战场上杀伤力极强。这种新型谢尔曼坦克被称为萤火虫坦克。

第十八章　法莱斯

整个7月间，英国和加拿大军队对法国北部顽强抵抗的德军实施了持续的打击。虽然没有取得什么重大战果，但是这对完成收复法国的第一阶段作战任务起了不可低估的影响。戈登·马克洛参加了制造法莱斯包围圈的初期行动，这也是他打的最后一场战役。

我们从没想过害怕。大家都有要做的工作，一旦碰上了，就做了。直到事情做完后，我们才会意识到自己做了什么。下一步行动是夺取曼巴桑，要开始堵住法莱斯缺口了。我们必须拿下这座山脊。之前我们到哪里都是靠步行，但是这次却坐上了装甲车，我们知道这次战斗的规模应该很大。我们紧抓着谢尔曼坦克，随着它们到了进攻前沿。我们向山脊发起进攻，在向山脊顶部进攻的途中，我遇到了一名来自萨默塞特轻步兵团的上尉。他让我带领一支反坦克炮小组，组里除了我还有一名炮手、一名填弹手、两名拿炮弹的士兵。等我们攻到山顶时，组里就剩扛着炮的我和另一名拿炮弹的士兵了。一名军士向我们跑来，说："有敌军坦克来了。下士，你负责打中间的，我打左边的，军士长负责右边的那一辆。"说完他们沿着不同的路线下去了，留我一人在山顶上。我在一条深深的车辙里找好了位置，农场的小推车进进出出，压出了深深的车辙。这些车辙很深，我和炮筒都能藏在里面，等着德国人的坦克出现。没过多久，一辆虎式坦克就来了，它上面装的炮也露了出来。后来我从德国人那里得知，这就是88毫米口径的大炮。真是个大家伙，我能直接看进它黑洞洞的炮管。我的左半边从头到肩膀都被击中了，当时我的手放在炮筒上，所以我还抓着它。弹片直接刺穿了我的手腕，我的手里也有弹片，左侧的脸上也有。我用钢盔托着手，弯起来，试图止血，一路踉踉跄跄地来到山脚的战地包扎营。到了那里，我不停地说："先处理我的手臂，很痛。"他们说："不是手臂痛，是你的脸。"他们把我的脸包扎起来，然后我就看不见了。他们说因为虎式坦克爆炸产生了强烈的闪光，晃了我的眼睛，所以我看不见了。两天之后，我才恢复视力。

8月6日晚，英军左翼从蒂利哈考特以北2.5英里处通过奥恩河。为保留这个阵地，英军与德军展开了激烈的战斗，之后将其慢慢扩大。12日，英军和加拿大军队之间的一个德军阵地被摧毁。加拿大第1军团当时位于卡昂附近，7日晚11时30分，这一军团的英国和加拿大部队分别从自己的阵地向南发起进攻。加拿大军队稳步前进，15日时，距离法莱斯已不到一英里。英军在卡昂正东，朝里济厄方向的行动进展也很顺利。其他英国军队则经过苦战，通过灌丛密布的乡村地区，到达弗莱尔和康德素努瓦洛。

加拿大、波兰装甲师和英国装甲师一起从北边向法莱斯稳步推进，美军（包括法国第二装甲师）从西部和南部合围，德国第7军团的大部分部队几乎都被围住了。盟军还要堵上法莱斯和阿尔让唐间狭窄的空隙，以切断德军最后一条逃跑路线。因此一支美军部队从勒芒出发，身负沉重的武器，于8月12日到达阿尔让唐，堵住了这一空隙。法国装甲师在美国人的率领下，于19日在法莱斯以南的尚布瓦，与加拿大军队会师，基本上收紧了法莱斯口袋。德军进行疯狂的反扑，企图从包围圈狭窄的缝隙处突围。盟军空军则充分利用这个机会，对他们实施猛烈的打击。

法莱斯口袋

莫尔坦反攻失败后，剩下的德军发现自己只能受盟军部队，尤其是空中力量的摆布。他们如果想要逃出法莱斯口袋，就必须得跨过两条河上的障碍，就得放弃所有重型装备，徒步逃跑。法莱斯包围战结束时，诺曼底的德军其实已经没有什么战斗力了。在灌丛村庄的废墟中，盟军清点出550辆坦克，1000门大炮残余和7700辆受损的车辆。20000—40000德国士兵逃出了法莱斯包围圈，不过仍有50000人被俘虏，10000人在战争中死亡。

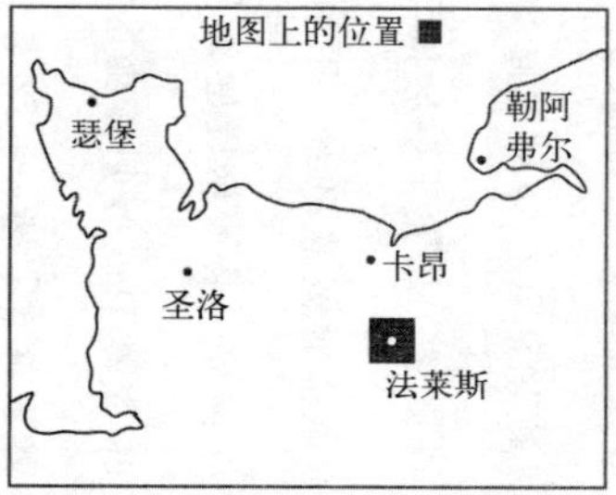

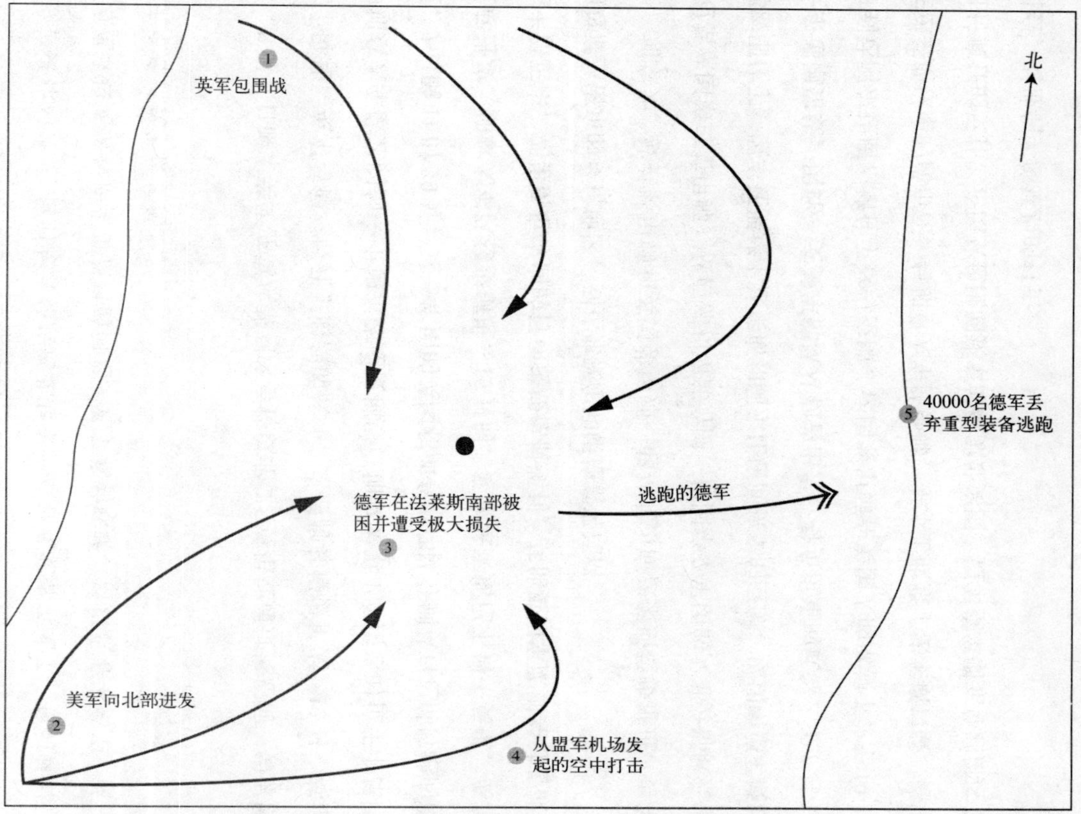

◎ 法莱斯口袋内，德军逃跑路线的狭窄街道上，到处是德国士兵的尸体和被毁的枪炮坦克

◎ 英国的反坦克发射器。它的威力远不及德国的反坦克火箭筒，它只有在攻击德国装甲车侧部或尾部时才有威胁

我们在法莱斯森林从来没看过这么大规模的空袭。晚上，他们不停地向这片森林发射或投掷炸弹。早上六点，往外看的时候，似乎看到远处一群乌鸦在向我们飞来。那肯定有成百上千架双引擎或四引擎轰炸机和战斗机护航机。我们站着看它们投下炸弹，这次空袭整整持续了十二个小时。不过就在这样猛烈的空袭下，还有德国人能生还，这太不可思议了。他们怎么逃生的，那就不得而知了。

盟军在诺曼底的作战计划都围绕着蒙哥马利形容的“长钩”来制订，第3军团负责堵上巴黎和奥尔良、卢瓦尔河下游和塞纳河之间的空隙，英军将从法莱斯左边渡过塞纳河，这样做旨在围堵盟军巨大包围圈中的德军残部。但是随着形势的发展，艾森豪威尔于8月8日下午打电话给蒙哥马利，商讨美军的计划，即“短钩”计划。根据此计划中，美国第3军和加拿大部队以及英国部队在阿尔让唐南部会师，以形成较小的口袋，旨在俘虏60000名德军士兵。蒙哥

◎ 在瑟堡被俘虏的德国人

◎ 盟军部队清理在空袭中被摧毁的德军补给纵队。他们在从法莱斯缺口撤退时，遭遇了盟军的空袭。照片前面是一辆半履带车和一辆摩托车的残骸

马利同意了这一计划，盟军开始准备实施“短钩”计划，打算将合围点布置在阿尔让唐附近。

德军在诺曼底投入的兵力超过100万，还投入了1500辆坦克和3500门大炮。运输这些人员和物资需要20000多辆车和20000多匹马。

在诺曼底战役中，德军伤亡人数为24万，被俘人数为20万，损失了投

入其中的所有坦克、大炮和车辆。从这个角度来看，诺曼底战役取得了战略上的胜利，其影响与同时发生在苏联的“巴格拉季昂行动”相当，苏联的那次行动摧毁了德国集团军总部。盟军在东西两线的这两场战役给了德军两记致命打击，让他们再也没有恢复元气的可能了。

这时，盟军的战略开始起效。巴顿的第 3 军团开始从勒芒出发，挥师北上向阿尔让唐进发，希望在那与从卡昂打过来的英国和加拿大联军会师，在法莱斯形成巨大的包围圈。实际上，这个包围圈并没有完全合拢，大批德军也确实逃走了。但是由于人数众多，这些逃跑的德国人行动缓慢，正好成了盟军空军和炮兵的打击目标。盟军不断收缩包围圈，最后从三个方向把德军困在了长宽均为七英里的小区域范围内。盟军只要发现德军要从剩下的七英里空隙中逃走，就会对他们进行无情地打击。

包围圈里的战斗也十分激烈。20 日，德军在持续发动反攻后，在盟军的战线上撕开了一个小口，部分装甲部队从那里成功突围。但是这个小小的口子很快又被堵上了。圣兰伯特村附近进出的德军遭到盟军残酷打击，有战地记者回忆说：“德国士兵以一种悲惨、恐怖的方式突然死亡。他们的尸体遍布村子的街道和周围的草地。8 月 22 日，冯 · 克鲁格第 7 集团军剩下的零星士兵被俘，包围结束。”

德国人在拼命突围，逃出法莱斯包围圈的过程中，死了 10000 名士兵，另外有 50000 士兵被俘，这意味着在诺曼底的德军力量已被消灭。德军的 50 个师中，有 40 个师已经从他们的战斗序列中消失。此外，盟军摧毁了在西线战斗的所有虎式坦克和大批装甲部队。德国当时的工业系统已经没有能力再生产这么多武器予以补充。很显然，战争结束指日可待。

虽然很多历史学家质疑下面陈述的真实性，但是当代的观点认为盟军在诺曼底战役中确实按计划完成了作战任务。

最后本书以詹姆斯 · 格里格爵士的话作为结尾。作为英国陆军大臣的他很明显是蒙哥马利的信徒。他坚信整个诺曼底战役是依照盟军计划进行的，

◎ 诺曼底战役结束一年后，德国战俘在清理墓地。在这里长眠着牺牲在犹他海滩的美军士兵

1945 年他在对下议院的一次演讲中陈述了这一观点：

很少有战役像 1944 年 6 月 – 8 月间的这场战役一样，能完全按照计划进行。我记得在登陆日前一个多月，具体说应该是六个星期之前，我参加了一次会议。会上陆海空三军指挥陈述了他们的计划，公布他们计划要下达的命令。在陈述的最后，陆军元帅（后来的将军）蒙哥马利在墙上挂了一幅巨大的地图，指出他希望登陆日后第 90 天，英国、加拿大和美国军队在哪些位置。登陆日后第 80 天左右，我去了蒙哥马利将军的战场指挥部。盟军当时的部署几乎就是他之前向我们陈述的那样，但是德国人的位置就完全不同了。他们在塞纳河边的位置完全错了，结果导致了他们的失败。盟军由此打开了由塞纳河开赴德国边境的快速通道。